世界哲学史

現代　グローバル時代の知

世界哲學史 8

現代篇
全球化時代的哲學：現代與後現代的對話

伊藤邦武／山內志朗／中島隆博／納富信留 主編
黃耀進 翻譯
山村奨 監譯

目次

contents

PROLOGUE

前言

中島隆博

西方，被視為文明與現代的象徵。在這種十九世紀的典範在席捲全球的過程中，其局限性與內在矛盾逐漸顯現。隨著十九世紀末的來臨，提倡自由、平等與人權等普世價值的現代文明，卻同時成為帝國主義用來殖民與統治其他地區的工具。

進入二十世紀後，這種矛盾與衝突愈加明顯。其極端的表現之一便是第一次世界大戰的爆發，這是人類首次經歷全球規模的戰爭，使二十世紀成為戰爭之世紀。這場戰爭標誌著西方現代文明的普遍性遭受質疑的關鍵時刻。梁啟超在目睹了被第一次世界大戰摧殘、且飽受「西班牙流感」肆虐的歐洲後，於一九二〇年寫下《歐洲心影錄》。書中指出，原本應帶來萬能效用的科學竟告破產，不僅未能帶來幸福，反而引發災難，並斷言：「這回大戰爭，便是一個報應。」

我們將如何應對西方近代文明的「危機」？這一問題已不再局限於歐美國家，而是成為全球共同面對的挑戰。為了回應這一挑戰，一方面，有人深入洞察西方近代文明普世價值的光明面與陰暗面，試圖將其拓展為更具普世性的價值；另一方面，也有人更加重視地方傳統，積極探索「超克近代」的可能性。在這兩種力量的競合與交融中，哲學的普遍性也持續被人們重新檢視與反思。

本書將首先描繪這種充滿矛盾、逐步走向危機的哲學如何在全球範圍內展開。儘管經歷多次辯論與衝突，第一次世界大戰後的世界仍未能克服這一危機，反而使極權主義

（Totalitarianism）體制得以興起，加劇了全球的分裂。這一局勢在冷戰結構下延續，直至二十世紀末情勢才稍見緩解。

從世界哲學的觀點來看這個時代，亟需追問的問題便是「理性與他者」。理性本應為西方現代哲學的基石，然而卻引發了戰爭與分裂。這正是提奧多．阿多諾（Theodor W. Adorno）與麥克斯．霍克海默（Max Horkheimer）等人所提出的深刻質疑。他們要求我們重新審視那些長期被理性邊緣化的事物，如情感、潛意識、身體、性別，甚至宗教等。同時，也促使我們思考在人類中心思想下，被壓迫的其他生命形式，例如動植物的生存方式、環境與共存等問題。本書中特別用相當篇幅探討這些重新定義人類的哲學挑戰。

在柏林圍牆倒塌的三十年裡，儘管歷經諸多曲折，我們仍透過合作克服了分裂，並避免陷入極端的價值相對主義。然而，與第一次世界大戰前夕相似，當今世界因過度消費與生產過剩，導致不平等、貧窮及地區衰退等問題層出不窮，全球化的陰影也隨之加深。當前的新冠疫情更是暴露出這些「早已存在」卻未被妥善解決的問題。

我們應如何避免再次陷入極權主義與全球分裂的局面？這正是當代世界哲學所面臨的核心課題。希望讀者們能與我們一同深入思考這一問題，這也是本叢書第八冊的誠摯期許。

CHAPTER

one

第一章

分析哲學的興亡

一之瀨正樹

分析哲学の興亡

一、科學主義與「事實／價值」的分離

二元論的基因

二元論（dualism）不僅是人類強有力的武器，也是一種難以擺脫的宿疾。在我們的語言中，存在著「否定」的結構，這是一個決定性的事實。當人們說出「是A」時，其背後的脈絡就暗含了「不是A」的否定句型。從這個角度來看，「二元論」實際上是人類思維的宿命，甚至可以說，它已深入人類的基因。我們只能學習與之共存。

然而，二元論對於我們的生存仍具有重大的貢獻，提升了人類的適應能力。至少，這是我們認識與理解世界時「區分」的基礎。在「這個就是這個，而不是其他東西」的相對作用下，二元論成為我們理解事物的根基。它在混沌的世界中劃出界線，將其一分為二，從而確立了我們面對世界的準則。換句話說，「區分」與「理解」密切相關，或者說，只有能被「區分」的事物，才能被「理解」。（一之瀨正樹，《死之所有》，東京大學出版會，二〇一九年，參考終章）

基於「區分」，兩個領域便隨之而生，可以說，這正是「二元論」的誕生基礎。有與無、生與死、有生命與無生命、人類與非人類、內與外，這些基本的二分法，若非如此區別，我們大概難以生存。當然，不可忽視的是，「0」與「1」的二進位（這也是二元論的一種）同樣為我們的生活帶來了驚人的便利。

將事物二分的特質

對於這種將事物二分的思考方式，有三點值得注意。首先，需要反思的是，二元論是否具有足夠獨特且堅實的基礎，能夠被視為人類思想中的基本構成要素。畢竟，與二元論相比，還有一元論，以及分為三項以上的多元論等其他觀點。

對於此點的回應，首先要說的是，即使在多元論的世界觀中，二元論依然構成其根本基礎。例如，即便我們判斷某事件發生的機率為百分之九十，我們仍會使用「百分之九十」這一具體數值，而非模糊不清的其他狀態，這樣的思考方式依舊是基於二元論的基礎。當我們做出「某事是這樣」的判斷，邏輯上同時排除了「某事不是這樣」。然而，當涉及「百分之九十的概率」這種判斷時，與「百分之九十點零零零一」之間的差異其實微乎其微。對於這種無法識別的微小差異，仍存在「模糊性」的問題，此點需要特別留意。

那麼，「一元論」又是什麼呢？所謂一元論，是指將宇宙萬物視為由單一元素構成的思考方式。例如，將世界僅視為物質構成的唯物論便是一個典型的例子。然而，這與二元論並無本質差異，因為在此仍存在「世界」與「非世界」的區分，二元論依然隱含其中。換句話說，所謂一元論，其實是透過區分內在與外在，呈現出二元論的偽裝形式。

第二點值得注意的是，無論如何將事物予以二分，實際上兩者之間的共通點總是隱藏在背後的脈絡之中，難以被直接察覺。以土地的劃分為例，這可說是二分的雛形。當土地被分為兩部分時，例如劃分為國內與國外，但無論是哪一個部分都位於同一個地球上，這便是它們的共通點。

反過來說，若沒有任何共通點，二分的操作便毫無意義。將「人類」與「非人類」二分是合理的，但若將「門庭若市」與「康普頓散射」（Compton effect）[1]分為兩類，通常令人難以理解，除非這是兩隻狗的名字。無論如何，所謂的二元論雖是為了表達兩個對立之間的區別，但它同時也意味著，根據定義，這兩者之間存在一些基本的共通點。

最後，也是第三點需注意的，往往在忽略上述第二點後才會出現。也就是說，二元論或二分法經常會伴隨優劣之分，甚至在某些情況下助長歧視或偏見，這點需要特別警惕。所謂的「區別」，僅僅是對兩者進行差異化，並無其他意圖；然而，排斥和順位的觀念卻會隨之自然產生。甚至可以說，價值判斷本身也源自我們基因中的二元思維，例如「善」與「惡」的價值二分，就是典型的例子。如前述，這是因遺忘了二元論實際上建立於共通性之上的結果，這也是我們基因中二元論的原罪。

1 譯註：康普頓散射（Compton effect）是指當高能量的光子（如X射線或伽馬射線）與物質中的電子發生碰撞後，光子的波長增加、能量降低的現象。這一效應由美國物理學家亞瑟．康普頓（Arthur Compton）於一九二三年發現，並為其贏得了一九二七年諾貝爾物理學獎。

哲學的二元論

這種二元論的基因自然也在哲學領域展現出強大的主導作用。翻開歷史，柏拉圖的「理型界／感覺界」二元論堪稱經典且具代表性。進入近代，與人類相關的二元論更為活躍。從笛卡兒的身心二元論、萊布尼茲的「理性真理／事實真理」、休謨（David Hume）的「觀念的連結」（Relation of Ideas）／「實際的真相」（Matters of Fact）到康德（Immanuel Kant）的「分析／綜合」，這些理論與經驗的二元系譜延續至今。其中，康德可謂二元論的集大成者，除了「分析／綜合」，他還提出「先驗」（A Priori）／「後驗」（A Posteriori）、「超驗／經驗」、「數學／力學」、「構成／統整」、「事實問題／權利問題」等多種二元概念，並在此基礎上構建出「現象界／物自身」（日語亦稱叡智界或英智界）這一根源性二元論。繼承康德「現象界／物自身」二元論的叔本華在十九世紀前半更進一步，提出了帶有新意的「表象／意志」二元論。

康德的哲學在十九世紀前半與德國唯心論這種高度思辨且抽象的哲學系譜緊密相連，享有盛名。然而，事物總是相對，隨著行動必然會出現反動。十九世紀末，這股反動力量在維也納興起。維也納大學的教授、同時也是物理學家的恩斯特・馬赫（Ernst Mach, 1838-1916），提出了「中立一元論」（neutral monism），主張人類的所有感知皆可經由「感官」這一要素解析，並反對缺乏感官證據的概念，例如牛頓的絕對時間與絕對空間概念。馬赫透過排除無法與感覺相對應的非經驗性、抽象性及形上學概念，主張以節約的方式來表現人類思維，認為這才是學問或哲學應該擔當的角色，並將此理念稱為「思維經濟」。然而，如前所述，一元論實際上往往是二元論的偽裝，因此馬赫的「中立一元論」實際上仍是一種區分感官與他者的二元論。

理論實證主義

馬赫在維也納的思想相當激進，因其對明確清晰的追求，使他的論述受到遠離舊世代思辨哲學的研究者歡迎。由此興起了一群被稱為「維也納學派」的哲學家們。「維也納學派」是一個哲學團體，以維也納大學教授石里克（Moritz Schlick, 1882-1936）為核心，包括紐特拉（Otto Neurath）、卡爾納普（Rudolf Carnap）、賴欣巴哈（Hans Reichenbach）、亨普爾（Carl G. Hempel）等人。他們集結於廣義的共通思維模式，形成了被稱為「邏輯實證主義」的思潮。他們共享的核心理念可以概括為「哲學的科學化」（克拉夫特（Victor Kraft），《維也納學派》，勁草書房，一九九〇年，頁二一），即哲學應具備科學般清晰、嚴謹的思維，並排除無法經實驗證實的形上學思辨或先驗主義（apriorism）。這一理念體現在石里克的「邏輯實證主義命題」中，即「命題的意義在於其檢證方法」（伊恩．哈金（Ian Hacking），《語言為何成為哲學的問題》，勁草書房，一九八九年，頁一五六—一五七）。所謂的檢證，是指透過感官檢驗某事是否符合經驗標準。標準的歷史解釋認為，此邏輯實證主義的出現促成了「分析哲學」的興盛。

如此一來，邏輯實證主義起源於馬赫的「中立一元論」，其立場認為我們的認知以感官經驗為基礎，而感官經驗是我們可以清晰辨別的。然而，這種立場從一開始便隱含了某種矛盾。首先，若所有有意義的認知都必須以感官為基礎並以科學方式闡明，便會出現「如何處理邏輯與數學」的問題。邏輯和數學的命題並不以感官為基礎，例如「反證法」（proof by contradiction，又稱背理法）或「虛數」等概念就是明證。這樣的概念是否應作為形上學假設而被排除？這顯然不行，因為科學本身與邏輯、數學密不可分，無須多言。一旦標榜科學化，便必須承認邏輯與數學的意義並接納這些概念。為了解決這個矛盾，邏輯實證主義將邏輯與數學吸收到其框架內，視之為「表徵體系內部的單純關係」，即記號與語言的「規定」（克拉夫特，《維也納學派》，頁二〇一二一）。這意味著邏輯實證主義接納了「分析／綜合」的傳統二元論，或者說利用了此二元論，即邏輯與數學的主張為分析命題，而經驗科學的主張則為綜合命題。

分離型二元論

然而，另一個問題隨之浮現。邏輯實證主義所依賴的科學主義，其根源來自自然科學，而自然科學中卻明顯存在無法直接感知的事物發揮作用的情況。面對這一現實，該如何解決？無法感知的事物如電子、電荷、微中子等與「粒子」相關的概念，以及「重力場」的概念。對於標榜科學化的邏輯實證主義者而言，並不會因這些概念無法感知而視其為形上學並加以拋棄。邏輯實證主義代表人物之一的哲學家卡爾納普認為這些理論性概念是「原始的」（primitive）概念，因為透過直接的定義，這些概念能使我們的經驗獲得更連貫的解釋，這是一種工具主義的方式，試圖解決此困境。〔普特南（Hilary W. Putnam），《事實／價值二分法的崩毀》，法政大學出版局，二〇〇六年，頁二七〕

我們應該如何理解這一點呢？簡單來說，這難道不意味著邏輯實證主義存在著嚴重的缺陷嗎？至少，為了更清晰地探討上述問題，我們需要超越「分析／綜合」及其對應的「感覺性經驗／邏輯、數學」二分法，轉向另一個更高層次的二元論。如果依卡爾納普的觀點，將邏輯與數學命題視為解釋經驗事實的工具，那麼「分析／綜合」本身就可以被理解為整體「事實」範疇內的一種二元論。因此，當我們將其視作「事實」的一部分時，便會發現其對立面，即「價值」或「規範」。其中「倫理」的論述尤為突出，在此方面，受邏輯實證主義影響的英國牛津大學哲學家艾耶爾（Alfred J. Ayer）的論述方式尤為激進而具戲劇性。

艾耶爾認為，倫理的論述並非事實陳述，因此無法判斷其真偽，只是情感的抒發而已。他指出：「那些只是單純表達道德判斷的文字，其實什麼都沒說。」「這純粹是情感性的表達，因此根本無法進入真偽判別的範疇。就像痛苦的嘶喊或命令語詞無法被驗證一樣，這些情感性的表達也因為相同理由而無法檢證。為什麼呢？因為這些表達幾乎不具備真正的命題性。」（艾耶爾，《語言、真理、邏輯》，岩波現代叢書，一九五五年，頁一三二）更進一步地說，「倫理概念不過是虛偽的概念，因此不可能加以分析。」（同前揭書，頁一三八）透過這種辯證，他對

「事實／價值」或「事實／規範」的二元論提出了激進的觀點（但嚴格來說，價值與規範並不完全相同。美的價值等並不具規範性。不過，此處將規範性視為價值與評價的核心，以下論述也基於此）。

換句話說，艾耶爾認為，事實可以被視為知識，而價值與規範則更像是一種呼籲，而非知識。這與作為二元論特徵所提到的第三點一致，即二元論傾向於促成優劣、區別的判斷。顯然，此處體現了一種歧視，即事實構成知識的重要內涵，而倫理、價值與規範則被視為虛偽或非必要的（有趣的是，這樣的論述本身即帶有價值判斷）。換言之，這裡呈現的是一種「分離型」二元論，並嚴格地區分了事實與價值、規範。

二、分離型二元論的展開

「休謨法則」

撇開邏輯實證主義中暗含優劣的部分不談，實際上「事實／價值」或「事實／規範」的二元論在哲學傳統上是一個相當正統的觀點。其中最著名的例子大概是「休謨法則」（Hume's Law）。此法則的核心源自休謨的論述，即道德命題通常使用「是」或「不是」來描述，但有時卻突然轉變為「應該」或「不應該」的詞彙。這種轉變極為重大，因為「應該」與「不應該」代表一種新的關係，而如何能從「是」與「不是」推導出這種新的關係，必須清楚說明其

理由。這就是所謂的休謨法則。（休謨，《人性論（四）》，岩波文庫，一九五二年，頁三三—三四）

冷靜思考一下，這樣的觀點確實具備直觀的合理性。筆者曾經舉過一個例子，即每天在學校被同學毆打的少年。他每天被毆打這一「是」的事實確定無疑。然而，若因此得出他「應該」每天挨揍的結論，大概沒有人會認同吧。在哲學史上，「事實／價值、規範」的基本二元論一直備受推崇。廣義而言，這裡的「事實／價值、規範」二元論與康德的「現象界／物自身（睿智界）」、叔本華的「表象／意志」等二元論觀念是相通的。如果邏輯實證主義者將「事實／價值、規範」視為二元論，卻將類似康德或叔本華的形上學思想排除在外，那麼從客觀角度來看，這似乎有些內部矛盾。

自然主義謬誤

在現代，喬治．愛德華．摩爾（George Edward Moore, 1873-1958）提出的「自然主義謬誤」觀點，從另一個角度支持了「休謨法則」。摩爾在《倫理學原理》一書中指出「善是無法定義的」（三和書籍，二〇一〇年，頁一一〇），並主張「善」只能以直覺來辨識。基於這一立場，所謂「善」即是「內心希望且應該實現的事物」，然而若從「愉悅」或「渴望」等心理性「事實」來定義善便是錯誤的。由於「愉悅」與「渴望」屬於心理上的自然事實，將「善」建立在這些自然事實之上便構成了「自然主義謬誤」。

實際上，十九世紀的哲學家約翰・史都華・彌爾（John Stuart Mill, 1806-1873）在《效益主義》（*Utilitarianism*）一書中談到「渴望」（含有規範性的「應當」）時指出：「渴望某物的唯一證據，是人們確實希望出現或達成這樣的事物，這是我的見解。」（《世界名著49》，中公BACKS，一九七九年，頁四九七）換言之，「應該」被渴望的前提是「確實」被渴望的事實，這聽起來與「自然主義謬誤」的觀點如出一轍。然而，儘管每天被毆打的少年的例子在直覺上似乎合理，彌爾的論述卻意外地具有某種程度的說服力。為何我們會認為少年不「應該」被毆打呢？可能是因為我們對自己或他人無緣無故被毆打感到不快。反過來說，是否存在一種潛在的邏輯，認為避免打人或被毆打的情況是值得渴望的，因而這種情況是「希望」的。因此，從這種思考出發，「事實／價值、規範」的傳統二元論的問題逐漸顯現。

維根斯坦

前文提到的摩爾是二十世紀前半期活躍於劍橋大學的分析哲學家。雖然摩爾與先前提到的邏輯實證主義者有很大的差異，但在堅持「事實／價值、規範」二元論的意義上，他們仍有某種共通性。同時期在劍橋大學活躍的哲學家路德維希・維根斯坦（Ludwig Josef Johann Wittgenstein, 1889-1951）也認同基本的二元論觀點。

維根斯坦的哲學出發點無疑是其著作《邏輯哲學論》。這是一部極具特異性的書，但將其概括為映射理論的發展也不為過。映射理論主張，構成我們思想的真命題是世界事實的映射。然而，真正讀過此書的人會發現，在這一表層主張之下，存在一種機制揭示了這本書的基本二元論視角，即呈現出兩種對世界的看法。他寫道：「哲學必須透過可思考的事物，從內部限制不可思考的事物」（岩波文庫，二〇〇三年，四．一一四，頁五二），以及「哲學，是試圖透過闡明可敘述之物來指涉不可敘述之物。」（同前揭書，四．一一五，頁五二）所謂「可敘述之物」，是指與現實世界相對應的事物，即可思考之物，而「不可敘述之物」則超出這一範疇，包括因果關係、倫理等。《邏輯哲學論》可以被視為一部旨在指出「不可敘述之物」存在的著作，並以此為基礎展開其論述。

維根斯坦的論述背後，可說受到先前提及的康德與叔本華二元論的影響。實際上，有許多證據顯示，維根斯坦本人也意識到叔本華二元論對他的影響（參考韋納（D. A. Weiner），《Genius and Talent：叔本華對維根斯坦的影響》，三和書籍，二〇〇三年）。換言之，「可敘述之物」近似（但不完全）對應於「現象界」或「表象」，而「不可敘述之物」則近似（但不完全）對應於「物自身」或「意志」。儘管維根斯坦後來大幅調整了自己的觀點，但這種二元論變形後的影響仍然隱約存在於他的論證之中。

無論如何，對於邏輯實證主義者而言，即以維根斯坦的維也納同鄉為核心的學者們來說，維根斯坦的二元論支持了「事實／價值、規範」的二元分野，並在一定程度上淡化了「價值、規範」的一面，與他們的立場相契合。然而，如同之前提到的，如果《邏輯哲學論》旨在揭示倫理學等不可敘述的領域（作為一種不經論述而自然顯現的存在），那麼邏輯實證主義者的期待就難以滿足。事實上，維根斯坦從未正式加入邏輯實證主義的「維也納學派」。

規則的悖論

即便如此，「事實／價值、規範」與「可敘述之物／不可敘述之物」的觀念仍持續影響著後來的分析哲學。因討論維根斯坦哲學而成名的美國學者克里普克（Saul A. Kripke）便探討了維根斯坦在《哲學研究》中提出的「規則的悖論」。簡單而言，這是一個悖論，導致的結果是可以從一個數列中找出無數的規則。（克里普克原本的例子較為複雜，這裡改以簡單易懂的例子說明）例如，如果有人問你「1, 2, 4, 7, 11, 16, 22……」的規律是什麼？「22」的下一個數字是什麼？我們大概會從這個數列中找到規律並回答「29」。然而，事實上「22」之後接任何數字都可以，因為任何數字都能構成其特定的規律。例如，「51」也可以接在「1, 2, 4, 7, 11, 16, 22, 51, 22, 16, 11, 7, 4, 2, 1, 2, 4, 7, 11, 16, 22, 51, 22, 16……」中，若能想像出這樣的數列，無疑是一種清晰的規律。即便如此，為何大多數人會回答「29」呢？這自然引發我們的思考。

對此，第一種可能的解釋是訴諸傾向（即事件或人們的一種傾向性，例如玻璃易碎或人容易憤怒），即：「如果被問到數列的下一個數字，我大概會回答『29』。」然而，訴諸傾向僅僅是對事實的描述。克里普克指出，問題在於如何得出一個規範性的答案，而非僅僅對事實加以描述。換言之，應該回答「如果有人問我這個數列的下一個數字為何，我應該回答『29』。」（克里普克，《維根斯坦的悖論》，產業圖書，一九八三年，頁七〇）這也突顯出「事實／價值、規範」二元論的深刻影響。

三、從分離型二元論到混和型二元論

奎因的分析性問題

不過，如前文所述，「事實／價值、規範」二元論並非絕對的區分。相反地，正如二元論的第二個特徵所示，二元論的背景中隱含某種共通性。如果我們聚焦於此，二者之間的差異程度自然會減弱。在筆者看來，邏輯實證主義所倡導的「事實／價值、規範」二元論，正逐漸在其內部性質上自行消解差異性，而這正是分析哲學一路走來的發展路徑。若「事實／價值、規範」二元論是邏輯實證主義原本的核心，那麼從這個角度而言，可以說分析哲學的歷史正邁向其終點。

實際上，在構成「事實」概念的「分析性命題」與「綜合性命題」的階段，已然隱含著動搖「事實／價值、規範」二元論的契機。

這與「分析命題」的概念有關。所謂「分析命題」，簡單來說就是「邏輯真理」。邏輯真理的基礎在於同義反覆或定義，例如「日本女性是日本人」或「單身者尚未結婚」這類句子。那麼，該如何確認其為真呢？即透過語言表達「某某就是如此這般」，在這種情況下，當「如此這般」已包含於「某某」之中，整個句子便「應該」被視為絕對真實，而這些定義性的字句則應該被當作溝通的前提而接受。

這種「應該」被稱為邏輯規範，與此處討論的倫理、道德規範並不完全相同，但在規範性本質上是相通的。實際上，若違反這些規範，就會影響與他人的交流。例如，若有人無法正確理解「日本女性是日本人」這句話，其語言能力便會受到質疑，與他人的溝通也將變得困難。而前一節所提及的數列規則性的規範性，雖非絕對，但實際上也可視為一種邏輯規範的類型。因此，構成「事實」的「分析命題」，或許從一開始就隱含著與「價值」或「規範」相聯繫的契機。

此外，在討論分析哲學的歷史時，必然會提到美國代表性的分析哲學家奎因（Willard Van Orman Quine, 1908-2000）。根據他在〈經驗主義的兩個教條〉一文中的論述，在分析性與事實、價值產生關聯的契機之前，「分析／綜合」二元對立的可疑性便已浮現。奎因提出問題：「所謂的分析性究竟是什麼？」他直指分析性的核心在於「同義性」，並進一步追問：「何謂同義性？」隨後，他列舉了「定義」、「可交換性」及「語義學的規則」等作為解釋的候補答案。

然而，當我們細究這些同義性的候補答案時，會發現它們皆循環依賴於同義性的概念，從而顯示出人們無法明確界定分析性的本質。因此，「分析／綜合」的區分實際上並非一個真正清晰的劃分。以上是奎因論述的要點。若如其言，即便分析性的意涵不夠明確，若其內含規範性，那麼無法明確區分的綜合性是否也同樣具有規範性？如此一來，與「分析／綜合」共同構成的「事實／價值、規範」中的「事實」，或許也與規範性相關聯。至少，這種聯想的可能性無法被完全排除。

奧斯丁的言語行為理論

其實，以奎因的論述為分界，分析哲學顯然經歷了一次本質性的變革。或者可以說，如果將邏輯實證主義視為分析哲學的母體，那麼這就是一次自我瓦解式的轉變。促成此種變遷的主要原因之一，是所謂的「言語行為」理論。根據「言語行為」理論，語言除了用於單純敘述現象外，還具有透過語言執行某些行動的功能。牛津大學的約翰·奧斯丁（John L. Austin, 1911-1960）是此理論的先驅。例如，「東京鐵塔位於東京都港區」被視為描述事實的句子，而「我保證明天十點之前交稿」則是一個承諾句。那麼，這是在描述承諾的事實嗎？承諾是否以某種物理或化學現象的形式存在呢？筆者並不這麼認為。

說出「承諾」這一言語，才能使承諾的情境成立。奧斯丁將發言後所引發的行為歸納為三類：「發言行為」（locutionary act）、「言內行為」（illocutionary act）與「語導行為」（perlocutionary act）。所謂發言行為，從字面上來看，就是發出「承諾」這一語音的行為；言內行為則是指透過言語實際執行承諾的（或許是核心的）層面；而語導行為，則是指透過「承諾」的發言傳達出說話者的性格，例如給人一種守信、守時、一絲不苟的印象，使編輯感到放心等等。這類行為的面向，強調的是根據發言而產生的影響。（奧斯丁，《言語行為理論》，講談社學術文庫，二〇一九年，參閱第VIII章）

在目前的脈絡下，奧斯丁的論點中值得注意的一點是，事實上，作為一種內在取向，任何發言或語詞（包括僅在內心中的話語），即便被視為敘述性的事物，皆可以被理解為促成行為的手段。實際上，奧斯丁的思想也與此觀點相當接近。這意味著，鑑於行為經常帶有價值判斷的色彩，即使是敘述事實的陳述或知識，最終也會被認為與價值相關。以「窗戶是開著的」這句看似單純描述事實的話為例，若這句話是在課堂上由教師對坐在窗邊的學生說出，對該學生而言，首先可能會理解為「請關上窗戶」的指令。若教師的語氣中帶有威懾的意味，或許會讓學生感到畏懼。這些反應可視為語導行為的效果。換言之，即便是確認事實的敘述，也往往會被理解為促使某種行為的暗示，並因此成為評價的對象。因此，「事實／價值、規範」之間的橋梁在此得以建立。

然而，必須注意的另一點是，論證的結構表明：在這些被視為發言行為的行動中，尤其是在發言行為與語導行為之間，實際上存在著相當大的差距。如前所述，語導行為具備價值評判的層面，而發言行為則僅是單純的發聲物理現象，與其說是一種行為，不如說是以行動來描述更為恰當（甚至非人類動物也可能具備執行發言行為的能力）。若果真如此，發言行為反而更遠離價值評斷，幾乎可視為純粹的「事實」層面。因此，將這兩者區分開來，意味著在某種程度上，言語行為理論依然維持了「事實／價值、規範」的二元對立。

「是」與「應該」的混合

無論如何，言語行為論已徹底改變了分析哲學的進程。美國哲學家瑟爾（John R. Searle）繼承了奧斯丁的觀點，進一步發展言語行為理論。針對「事實」的概念，他並未採用「分析／綜合」的區分，而是將其劃分為「物理事實」（brute fact）與「制度事實」（institutional fact）這兩種模式。這或許構成了一種新的二元論。所謂「物理事實」，指的是根據自然科學論述、在經驗上可觀察到的事實，例如「兩物體間的引力與距離的平方成反比，而且與兩者質量的乘積成正比」。而「制度事實」則是基於人為制度所成立的事實，例如「道奇隊以三比二打敗了巨人隊」。（瑟爾，《言語行為》，勁草書房，一九八六年，頁八八—八九）

瑟爾特別著重於制度事實，指出制度事實既是事實，同時也內含規範，藉此試圖打破「事實／價值、規範」的二元對立，甚至挑戰嚴格區分「是」與「應當」的「休謨法則」。瑟爾舉例說：「我承諾這樣這樣」，這句話不僅是履行承諾的制度事實，也是承諾本身的內在事實；同時，它也將「我應當履行我許下的諾言」的規範義務強加於發話者。然而，既然這是一個「承諾」，因此必然會帶有規範性的意味。我們不妨回想筆者之前所舉的描述事實的例子：「東京鐵塔位於東京都港區」。若仔細思考，這其實是一種「制度事實」，因為「東京都港區」這樣的行政區劃顯然是基於人為制度所建立的。而聽到這句話的人，「應該」會認同這一陳述，否則就會被視為錯誤。如果堅持否定這句話的真實性，可能會被他人質疑其溝通能力或教育水平。因此，在這層意義上，尤其是關於制度事實的討論，它既是事實，又包含了「應當」的規範性。

實際上，這種情況同樣適用於「物理事實」的原理。回頭思考先前舉的兩物體引力的例子，顯而易見，這是以目前已被普遍接受的物理法則為前提的。因此，這類敘述便成為一個「應當」接受的句子。如果有人不接受這樣的陳述，必然會遭到他人指出錯誤，其溝通能力或教育水平也會受到質疑。換言之，所謂的「事實」，與邏輯實證主義的觀點或「休謨法則」相反，自始至終都參雜著規範性。在確認奎因對分析性的論述時，我們已經指出，「事實」與規範性並非毫無關聯，這種聯想是有充分根據的。事實上，在物理法則的層面上，只要以其為前提，這些陳述便與分析性一樣，具有規範性的效果。根據物理法則所作的事實陳述，內含「應當」接受的規範性，其實是再自然不過的事情。

混合型二元論的滲透

事實與規範性（或價值性）相互交織的情況，其實可以從日常生活中的事例中窺見一斑。若我們冷靜思考，事實陳述中內含「應當」的例子比比皆是。例如，「颱風正在接近」這一敘述若為真，固然是事實陳述，但同時也蘊含著「應該早點回家」或「必須先做好準備」的規範性建議。從這類日常性的陳述來看，其中包含的規範性並非難以理解。言語行為論的觀點，真實地闡述這類簡單易懂的日常現象，摒除了哲學上的偏見，反而讓人感受到哲學論述的成熟與貼近生活。

先前提到的維根斯坦，事實上在後期顛覆了自己最初的立場，並發展出極具啟發性的論述。在他與克里普克相關討論的《哲學研究》中，這一點已經被充分總結。後期維根斯坦的核心思想體現在「語言遊戲」的概念中。我們透過語言來交換知識與觀點，而語言的使用就如同一場遊戲，具有某種寬鬆的規則性。語言的意義存在於其實際的使用方式之中。而各種「語言遊戲」之間不可能完全相同，只是具有一種「家族般的相似性」。此外，「語言遊戲」的規則性也非絕對確定，前述的「規則悖論」正是在這樣的脈絡下出現的。然而，維根斯坦並不認為規則性是隨機的，亦不認為這會導致與他者交流的完全斷裂或毀滅性的局面。在其晚年的著作《論確實性》（*On Certainty*）中，他指出，某些命題如「我有一雙手」這類陳述，是我們生活中不可置疑的堅實基礎，並將這種基礎與「生活形式」的概念相聯結（儘管「生活形式」會因文化等因素而有所不同）。

換言之，在維根斯坦後期的論述中，「語言遊戲」的規則性，其實也就是一種規範性，是被寬鬆地控制著的，而其根基在於「生活形式」或「確定性」這類使「語言遊戲」成為可能的根源性規範性。這種生活形式或確定性，與《邏輯哲學論》中所謂的「不可敘述之物」相似，位於我們敘述範圍之外。在這層意義上，「可敘述之物／不可敘述之物」的二元對立可說貫穿了維根斯坦的哲學脈絡。此外，根據不同的解釋，早期階段「可敘述之物／不可敘述之物」中的「可敘述之物」可被理解為對應於「事實」。然而，到了後期，「語言遊戲／生活形式、確定性」的對比關係中則出現了逆轉，與「不可敘述之物」相對應的反而是「生活形式、確定性」，這或許暗示著「生活形式、確定性」具有根源性的「事實」性質。再者，正因為這種解釋的可能性本身，就暗示著「事實」與「規範」原本即處於一種經常混同或相互反轉的狀態。

配合方向

無論如何，二十世紀下半葉，分析哲學跳脫了邏輯實證主義的束縛，克服了「事實／價值、規範」的分離式二元論並促使其混合體浮現。雖然如此，從奧斯丁對發言行為與語導行為的區分、瑟爾對「物理事實」與「制度事實」的對比，以及維根斯坦對「語言遊戲」與確定性的探討中，可以看出「事實／價值、規範」的對立雖不如邏輯實證主義那般激烈，卻仍被承認存在。

為更具說服力地說明這一點，我們可以引入「配合方向」（directions of fit）的觀點。這一概念起源於維根斯坦的學生伊莉莎白・安斯康姆（Gertrude Elizabeth M. Anscombe），並由瑟爾進一步發展。「配合方向」論證了語言與世界在信念與事實、以及欲求與命令（規範）方面的對應關係。

讓我們簡化安斯康姆的例子。假設A先生的孩子請求他購買橘色的史萊姆黏液玩具，而A先生卻買回了橘子味的果凍。同時，應A先生妻子的委託，有一位偵探暗中監視A先生的行動，並記錄：「A先生買了橘子果醬。」以上就是例子的內容。在此情境中，雖然A先生與偵探都犯了錯誤，但修正的方式卻有所不同。對於A先生而言，因為孩子「應該」得到的是橘色的史萊姆黏液玩具，因此他需要修正其「購買橘子味果凍」的行為。這裡的規範性語言表現，要求他根據實際發生的事實加以修正，即符合「由世界向語言」（world-to-word）的配合方向。而偵探的情況則不同，A先生購買橘子果凍的事實本身並未改變，但偵探的記錄「A先生買了橘子果醬」則需修正。這對應的是「由語言向世界」（word-to-world）的配合方向。透過這樣的說明，可以清楚看出，事實與規範在配合方向上互為相反，進而論證了事實陳述與規範性語言表達的差異。

配合方向的論述確實相當容易理解，是解釋「事實／價值、規範」之間深刻差異的絕佳方式。然而，如果冷靜思考，我們會發現，這種配合方向其實可能會在不同層次上出現反轉的情況。舉例來說，當A先生給孩子帶回橘子口味的果凍時，若孩子抱怨：「搞什麼，爸爸買錯了！」A先生或許會回應：「可是這個果凍很好吃，就將錯就錯吧。」此時，他便以已發生的事實優先，重新調整對原本錯誤的理解。同樣地，偵探的情況也可能出現反轉。例如，當A先生的太太看到偵探的紀錄後，或許會說：「啊，這麼說來，橘子果醬用完了，確實該補貨了。」她可能因此接受了新的事實，而對原本的事實做出不同的規範。這樣一來，便產生了事實與規範之間相互轉換的情境。換句話說，雖然事實與規範會隨著情境的發展而相互轉變，但我們仍可以說，事實本身和規範本身的固有配合方向並未改變。然而，作為一種現象，事實與規範的界線確實可能會動搖，從而導致其原本清晰的區分逐漸模糊。這表明，事實與規範並非始終如一地分開，而是可能在具體情境中出現動態的相互轉換。

事實上，日本法律中有一條稱為「時效取得」的規定，當某人占有土地達到一定的時間，而且符合相關條件時，便可依法承認其對該土地的所有權（參見《日本民法》第一六二條與第一六三條）。這意味著，法律允許將「占有土地」的事實轉化為所有權的規範性地位（如未經許可他人不得侵犯）。由此可見，邏輯實證主義所強調的「事實／價值、規範」的徹底分離，實際上早已在我們的現實生活中顯現出其漏洞。

四、邁向複合型二元論

濃厚的倫理概念

如前所述，邏輯實證主義所倡導的「事實／價值、規範」二元論，曾一度推動了分析哲學的興起，然而到了二十世紀後半葉，這種二元論幾乎已經瓦解，原本的分析哲學也幾乎走到了盡頭、邁向衰亡。而這一現象不僅在言語行為論中有所體現，在被稱為「後設倫理」的領域中也同樣沿著這條軌跡演進。所謂「後設倫理」，並非直接討論何謂善或正義，而是對善與正義等倫理概念本身加以分析與探討的領域。

此處必須提及英國哲學家伯納德・威廉士（Bernard O. Williams, 1929-2003），他對於傳統倫理學聚焦於「善惡」或「正義」等高度抽象用語的論述的反思，提議應以「背叛、約定、殘酷、勇氣」等充滿「濃厚倫理性概念」的具體內容來判定主題。如今，如善與惡等傳統的倫理概念，被稱為「淡漠的倫理概念」，而「濃厚的倫理概念」則由世界如何存在這一事實所決定，同時涉及對狀況、人類或行為的評價。（威廉士，《倫理學和哲學的邊界》，產業圖書，一九九三年，頁二一五—二二六）與此相對，「淡泊的倫理概念」則被認為缺乏事實依據，僅具評價性要素。

確實，日本憲法第三十六條規定「絕對禁止殘虐之刑罰」，最高法院的判例認定火刑、磔刑、烹刑等屬違憲，但絞刑則不一定如此。火刑、磔刑、烹刑這些顯然是實際存在的物理事實，若沒有具體現象，便難以歸類為事實。在這層意義上，「殘虐、殘酷」等「濃厚的倫理概念」的含義需依據事實來釐清與確定。透過對這些事實現象的評價，倫理概念才能得以成立。威廉士將這些基於事實的敘述面向稱為「世界指導性」，而將評價的面向稱為「行為指導性」，形成與「配合方向」論述相似的概念架構。

一般而言，透過「濃厚的倫理概念」所揭示的事態中，若能將敘述面向與評價面向分離，便可稱之為「還原性論述」，而這種操作則被稱為「解離」（disentanglement）。其目標在於將解離出的評價面向還原至「善惡」等「淡薄的倫理概念」。黑爾（R. M. Hare）針對典型的還原性「解離」論述提出應區分為「敘述性」與「指令性」的討論，而威廉士則批判了還原性論述。其關鍵在於，若還原性的「解離」論述為真，那麼只要作為事實的現象輪廓相同，即便完全沒有評價性要素（例如，設想外星人），也能理解和應用「濃厚的倫理概念」。如此一來，便會剝離倫理概念的本質。（同前揭書，頁二三四）

複合型二元論與道德知識論

針對威廉士的論述，西蒙・布萊克本（Simon Blackburn）提出了異議。布萊克本質疑，當對「濃厚的倫理概念」的理解與應用出現分歧時應如何處理。威廉士主張，應當從評價的面向來探究倫理概念的核心，而非僅依賴事實的面向，但他也指出，評價往往取決於文化背景（威廉士，同前揭書，頁二三九）。然而，布萊克本認為，如果是如此，那麼對「濃厚的倫理概念」的分歧就不再是真正的分歧，因為在缺乏可作為比較與調和基礎的事實前提下，實際上雙方所談論的完全是不同的概念，導致論述無法達成一致。在此基礎上，布萊克本提出，當使用倫理概念予以判斷和表達評價時，應改以「語調」與「態度」來捕捉這些概念。他認為，這種態度與事實敘述是密不可分的：「兩者並非混合物，而是構成了一種化合物或汞齊（Amalgam），態度與敘述彼此滲透。」（Blackburn 1992, Through Thick and Thin, *Proceedings of the Aristotelian Society, supplement* 66, p. 298）根據這種複合型二元論觀點，源自邏輯實證主義的「事實／價值、規範」分離型二元論，以及作為分析哲學核心的二元對立，顯然已經走向了終結。

時至今日，這一趨勢一方面承繼亞里斯多德的傳統，另一方面與被稱為後分析哲學或新分析哲學的研究領域——「德行知識論」（virtue epistemology）相互融合。所謂「德行知識論」，即是將認知行為中的潛在德行或價值作為主題的探討，一般可分為兩類：以恩斯特·索沙（Ernest Sosa）為代表的「德行信賴論者」，以及以琳達·察格岑布斯基（Linda T. Zagzebski）為主的「德行責任論者」。德行信賴論認為，知覺與記憶等可信賴的機能本身具有價值，而遂行這些機能的特質亦具有價值，並且在知識論的問題上體現了這一點。相對地，德行責任論則試圖從感知者的性格出發來解釋知識問題，強調感知者對其德性動機或行為負有責任，其德性和價值即體現在此。筆者在此特別想強調德行責任論，其中討論到具體的德行，如虛心聽取反對意見、以及以智慧勇氣致力於尋求正確知識的努力等。此處的虛心坦誠和知性勇氣，正是典型的「濃厚倫理概念」。可以說，在這些「濃厚倫理概念」中，分析哲學的繼承者們透過不斷探尋，最終在複合型二元論的脈絡中，使認知主體的樣貌變得更加完備。這種認知主體，終於在「事實／價值、規範」二元論的共同背景下，自然地展現出來。筆者認為，這種認知主體正是——引用布萊克本的用語——以獨特語調發聲，並以固有態度與他人交流的「人」（person）。

知識應建立在對證據的合法評估，而非依賴偏見或成見的基礎。羅德里克・奇澤姆（Roderick M. Chisholm, 1916-1999）等人在「信念倫理」這一領域中投入了大量精力，該領域的起源可追溯至威廉・克利福德（William K. Clifford）於一八七七年發表的論述，並累積了豐富的研究成果，這也契合了當前的發展趨勢。從上述近年來的發展可見，這些新研究的共通點在於，唯有巧妙地超越「事實／價值、規範」的二元對立，才能更深入探究事物的真相。如今，以邏輯實證主義為核心的分析哲學已經完成了其使命，分析哲學的繼承者們正以滿懷勇氣的姿態，邁向全新的階段。

延伸閱讀

維根斯坦，野矢茂樹譯，《邏輯哲學論》（岩波文庫，二〇〇三年）——維根斯坦初期代表作。對維也納學派提出之邏輯實證主義運動造成重大影響。雖然本書難以閱讀，但值得一讀。

約翰．奧斯丁，飯野勝己譯，《語言與行為》（講談社學術文庫，二〇一九年）——語言行為論堪稱經典奠基之作。第八講中提出的語言行為三分法，至今仍然充滿啟發性，展現出開創新議論領域時的創新與活力。

伯納德．威廉士，森際康友、下川潔譯，《關於生存方式的哲學能說些什麼》（產業圖書，一九九三年）——本書重溫了威廉士耐心而堅韌的思想。是最早提出「濃厚的倫理概念」並將其作為主題的書籍，具有很高的價值。

一之瀨正樹，《英美哲學入門》（筑摩新書，二〇一八年）——是筆者的著述，討論了本章中未提及之大衛．劉易斯（David Kellogg Lewis），其分析哲學中的因果論，亦即「反事實的條件分析」手法。作為參考，希望讀者們也能一讀。

CHAPTER

two

第二章

歐洲的自我意識與不安

檜垣立哉

ヨーロッパの自意識と不安

一、序言——歐洲大陸的思想

作為世界哲學史中心的歐洲哲學

在世界哲學史中，描繪二十世紀上半葉的歐洲思想向來充滿挑戰。原因在於，所謂的世界哲學史，其目標在於打破德國、法國、英美等各自獨立的「近代哲學史」範疇，試圖跨越並解構既有的界限。然而，二十世紀的歐洲哲學本質上不可避免地滲透著「歐洲中心主義」的色彩，但從另一個角度來看，其多元與豐富的面向也是無可否認的事實。

從十九世紀末至二十世紀初，德國的新康德派達到了鼎盛，代表人物包括赫爾曼・科恩（Hermann Cohen, 1842-1918）與海因里希・李凱爾特（Heinrich Rickert, 1863-1936）。而在奧地利，繼恩斯特・馬赫（Ernst Mach）之後，邏輯實證主義思潮逐漸興起，並最終成為英美思想界的主流根源之一。這些思潮的發展也與德國現象學家埃德蒙德・胡塞爾（Edmund Husserl, 1859-1938）以及其代表作《純粹現象學通論》（一九一三年）、《笛卡兒的沉思》（一九三一年）密切相關。此外，馬丁・海德格（Martin Heidegger, 1889-1976）進一步將胡塞爾的現象學轉向存有論，這兩位哲學家的活躍為這一時期的思想發展注入了深遠影響。

另一方面，在法國，亨利・柏格森（Henri-Louis Bergson, 1859-1941）發展了其獨特的思想體系（主要著作《物質與記憶》，一八九六），他繼承了十九世紀的唯靈主義（Spiritualism），並呼應了德國生命哲學（Life-philosophy）[1]的潮流，如威廉・狄爾泰（Wilhelm Dilthey, 1833-1911）和格奧爾格・齊美爾（Georg Simmel, 1858-1918）等人的思想。進入二十世紀中期，尚—保羅・沙特（Jean-Paul Sartre, 1905-1980，主要著作《存在與虛無》，一九四三年）與莫里斯・梅洛—龐蒂（Maurice Merleau-Ponty, 1908-1961，主要著作《知覺現象學》，一九四五年），為了超越新康德派及柏格森的思想，從德國現象學中汲取靈感，展開了自身的哲學思考。二戰之後，德國法蘭克福學派由狄奧多・阿多諾（主要著作《否定的辯證法》）所發展，並與華特・班雅明（Walter Benjamin, 1892-1940）有所連結，進而影響了尤爾根・哈伯瑪斯（Jürgen Habermas, 1929-）等人的思想發展。

二十世紀前半的歐洲思想無疑是「世界思想的中心」。隨後興起的後現代主義思想繼承了二十世紀的批判性思潮，可以說是建立在其基礎之上的。克勞德・李維史陀（Claude Lévi-Strauss, 1908-2009，代表作《野性的思維》，一九六二年）被歸類為後現代主義的結構主義人類學家；雅各・拉岡（Jacques Lacan, 1901-1981）則從結構主義角度重新解釋了西格蒙德・佛洛伊德（Sigmund Freud, 1856-1939）的精神分析學說。即便是在二十世紀後半期初露頭角的伊曼紐爾・列維納斯（Emmanuel Lévinas, 1906-1995），也是出生於二十世紀初期，並於二十世紀前半展開活動。二十世紀上半葉的歐陸哲學，在德國由社會哲學傳承，在法國則衍生出結構主義與後現代主義思潮，這一現象在思想史上已占有一席之地。

歐洲的不安與自我意識

然而，我們同時必須思考，此時期的歐洲因兩次世界大戰而滿目瘡痍。德國在第一次世界大戰戰敗後，納粹主義崛起，法西斯政權形成，隨後針對納粹主義的強烈批判與戰敗帶來的陰影，長期影響著德國。法國雖在兩次世界大戰中皆為戰勝國，卻因納粹德國的占領而受創嚴重。像海德格與納粹主義的關聯、沙特參與反抗納粹運動等，都顯示這些思想家與當時代潮流密不可分，這一點不可忽視。

從整體歐洲來看，法國大革命後的一連串政治動盪，使法國建立起「民主主義」的政治模式。同時，在十九世紀的帝國主義體系中，英國與法國在全球各地擴展殖民勢力，享受經濟繁榮，而德國則以新興資本主義國家的姿態迅速崛起。相較之下，進入二十世紀後，政治與經濟的重心逐漸轉移至作為資本主義中心的美國，以及致力於共產革命的蘇聯。同樣可以肯定的是，十九世紀的巴黎曾如班雅明所描繪般輝煌，是歐洲的首都，但到了二十世紀初，其影響力確實逐漸減弱。

1 譯註：德國生命哲學是十九世紀末至二十世紀初興起的一種哲學思潮，反對純粹理性和科學分析，強調透過直觀和個體經驗理解生命的本質。代表人物包括狄爾泰、尼采和柏格森，他們重視生命的動態、情感和存在經驗，試圖超越理性主義的局限，以更貼近生活的方式探究生命的意義。

這顯然與十九世紀末以來在歐洲各地浮現的某種世紀末思想密切相關。無論是由畫家古斯塔夫・克林姆（Gustav Klimt, 1862-1918）領導的維也納世紀末運動，還是由夏爾・波特萊爾（Charles-Pierre Baudelaire, 1821-1867，代表作《巴黎的憂鬱》，一八六九年）與亞瑟・蘭波（Jean Nicolas Arthur Rimbaud, 1854-1891，代表作《地獄一季》，一八七三年）為核心推動的法國詩壇象徵主義（Symbolism）運動，都反映了當時「歐洲文化的絢爛成熟」，同時也預示了隨之而來的「衰落意識」。

亦即，歐洲自十七世紀科學革命以來，逐步進入近代社會，並在二十世紀期間確立了自身作為世界政治與經濟中心的地位。然而，自十九世紀起，儘管思想蓬勃發展，歐洲的進程卻顯得相當「陰翳」。後現代思想正是以解構歐洲性為核心，可以視為一種扭曲的自我意識與內在不安的表現。

二十世紀初期的歐陸思想正是以這種「衰落的自我意識」為特徵。奧斯瓦爾德・史賓格勒（Oswald Spengler, 1880-1936）於一九一八年出版的比較文明學著作《西方的沒落》之所以廣受歡迎，並非因其內容，而是因為其震撼性的「書名」，這反映了當時人們普遍感受到的地位下滑。將西方形容為「Abendland」（即夕陽西下的土地），顯示出從尼采（Friedrich Nietzsche）到海德格（Martin Heidegger）思想中的某種聯繫。從世界哲學的角度來看，二十世紀上半葉的歐洲思想注定在某種程度上被捲入這種「繁盛」與隨之而來的「沒落」的背景之中。

以大眾與技術作為主題

在這一過程中，有兩個關鍵問題尤為重要。其一是「大眾」的出現及其評價。在以美國為先驅、並促成資本主義物質文化的歐洲，大眾的形成是潛藏於思想與政治背後的現象。雖然這是資本主義成熟後必然出現的結果，但如何看待大眾成為與法西斯相關思想中的重大議題。同時，如何與「媒體」打交道，如班雅明的案例，也成為一個重要的討論主題。

另一個關鍵問題在於，如何評價作為歐洲推動力的自然科學發展，以及作為其產物的科學技術。自十七世紀以來，西方社會創造了大量近代科學知識，並不斷將其轉化為技術，用以主宰世界。然而，這些知識與技術如今已經脫離了人們的掌控，變得難以駕馭。不容忽視的是，當前對技術的深刻憂慮，早在二十世紀上半葉就已顯現出一種迫切且危急的狀態。

在上述兩次世界大戰之間，特別是以一九三〇年代為主，許多學者積極探討這些問題，此現象絕非偶然。無論是面對民主與科技產物所催生的「大眾」存在，還是在難以控制的科學技術面前，抑或是思考如何在思想上回應這些挑戰，這種「不安」必然演變為歐洲思想中的一個核心主題。

二、大眾社會與思想——奧特加與班雅明

奧特加與《大眾的反叛》

在談論「大眾」這一主題時，我想引入一位尚未被提及的哲學家。他並非來自德國或法國，而是來自西班牙的荷西．奧特加．加塞特（José Ortega y Gasset, 1883-1955）。西班牙曾經歷大航海的黃金時代，但後來逐漸被擠到了歐洲的邊緣。

乍看之下，在討論歐陸哲學的章節開頭引入這位出身西班牙的思想家，或許顯得有些突兀。然而，奧特加於一九三〇年撰寫的《大眾的反叛》一書，不僅以批判的角度回應了史賓格勒的《西方的沒落》，更開創了可視為大眾論原型的論述。換言之，奧特加以遠離歐洲思想中心的旁觀視角，俯瞰整個歐洲的動向。

奧特加出生於一個顯赫的記者家庭，在優越的環境中成長，曾赴德國留學，深受新康德派的影響。回到西班牙後，他以「生命理性」為核心概念撰寫了許多作品，並成為馬德里大學的教授。然而，在反對佛朗哥政權的西班牙內戰期間（一九三六年），他選擇離開西班牙，輾轉於南美和葡萄牙之間。他在經歷和行文風格上，與後文所提到的班雅明有不少相似之處。班雅明出身於極為富裕的猶太商人家庭，雖未踏入學術界，卻以寫作為生，並最終在逃亡納粹的過程中選擇自殺。儘管兩人在政治立場上有所不同，但他們都在探索「大眾」的模型。此外，海德

格在《存在與時間》中將「此在」的非本真性描述為「人」（Das Man），與他們的觀點不無共通之處。

西班牙失去了作為世界帝國的昔日榮耀，國內則分裂為以巴塞隆納為中心的加泰隆尼亞和以馬德里為中心的卡斯提亞。奧特加對於西班牙既充滿眷戀，也懷抱著深深的憂慮。然而，即便如此，他在其「大眾」論述中，依然清晰地釐清了「歐洲人」所面臨的「整體性問題」——這包括法國大革命之後的思想演變以及英國自由主義的影響。這一點可以從《大眾的反叛》一書中，特別是其「寫給法國人的序文」中得到印證。

大眾對奧特加而言是什麼

奧特加在《大眾的反叛》中開宗明義地指出：「今日歐洲社會生活中最重要的事實」便是「大眾完全攀上了社會權力的寶座」（《大眾的反叛》，《奧特加作品集2》，白水社，頁五三）。大眾成為時代的主角，這象徵著對歐洲自十九世紀以前，由封建社會轉向布爾喬亞社會的發展模式的「反叛」。

然而，奧特加對於「大眾」的相關論述卻相當嚴厲。他在書中開篇便將「大眾」描繪為既無能力領導自己，也無法統治社會的群體。他主張，所謂的「大眾」即是「平庸者」，但他們卻擁有「**作為大膽與凡俗的權利**」（同前揭書，頁六二，原著中有重點標示，以下同）。奧特加認為，正是由於近代「均質化」時代的到來，這種「平庸」消弭了歐洲昔日的多樣性。這些大眾從一開始便視「生存乃是自由的狀態」為理所當然，而從不考慮其內在的局限性。他進一步指出，這種不負責任的平庸可能成為「可能導致人類命運中的一場重大災難。」（同前揭書，頁一二八）。相比之下，史賓格勒在《西方的沒落》中的見解反而顯得相對樂觀。

奧特加的這種觀點在某種程度上帶有貴族主義、保守且自命清高的色彩。二十世紀是無產階級（proletariat）崛起並追求共產主義的時代，而奧特加對這種崛起方式所催生的「勞動者」及民主主義性的自由主義產物——大眾，抱持極為負面的看法。

不過，在討論此處內容之前，必須先聚焦於書籍出版的一九三〇年代。這是一戰與二戰之間短暫和平的時期，對於日本而言，則是從大正民主時期過渡到昭和初期。然而，自一九三〇年代後，納粹德國崛起，法西斯主義席捲歐洲；在西班牙，佛朗哥的獨裁統治開始，而在蘇聯，史達林主義則在革命熱潮後逐漸擴大其控制範圍。奧特加批判了法西斯主義與工團主義（syndicalism）[2]。推動這個時代前行的，正是一種「類型」的人——這種人「不願與他人講理，而只一味強行灌輸自己的觀點」（同前揭書，頁一二三）。也正因如此，才會催生出對「平庸」且「均質」大眾的期待。

一方面，那些長期被壓抑的無產階級終於崛起，站上歷史舞台。對於自由民主而言，這確實是一個重要的現象。奧特加並非反對這種民主，而是擔憂歐洲人之「典型」正逐漸被上述的

「大眾」所取代。平庸且均質的大眾，其最終歸宿無非是將一切「生命」推向「官僚化」（同前揭書，頁一七五）。奧特加的大眾論指出，大眾是暴力與破壞的溫床，而這也是二十世紀前半期最嚴峻的問題，並進一步預示這種情況將蔓延全球。隨著全球化日益深化，均質化與官僚化的問題，以及伴隨而來的不負責任現象，似乎也愈發普遍。

班雅明與機械複製論中的靈光消逝

針對大眾相關議題展開論述的另一位代表性人物是班雅明。

班雅明被認為是左翼思想家，與之形成鮮明對比的是奧特加與海德格，他們都被視為保守主義的思想家，但實際上，班雅明的核心思想中是極具猶太色彩的。班雅明在撰寫《暴力的批評》（一九二一年）或《歷史哲學論綱》（一九四〇年）這類在政治思想重要論述的作品時，也不斷改寫《機械複製時代的藝術作品》（第二版，一九三五—一九三六年），這本書是現代藝術論中的經典論考（見《班雅明文集1》〔筑摩學藝文庫〕）。他在書中主張的「靈光消逝」，與奧特加

2 譯註：工團主義是一種勞工運動與政治理論，其核心手段是透過罷工和直接行動，建立由工會自主管理的社會，最終取代資本主義和政府體制。工團主義強調工人的自主性與基層組織，與共產主義的國家主導模式不同，拒絕中央集權，目標是達成經濟民主與生產自治。

所描述的「大眾化」和「均質化」現象有著密切聯繫，而班雅明提及的「機械複製」則進一步釐清了技術與大眾之間的關係。

過去，無論是繪畫還是音樂，藝術作品都因其獨一無二的存在而被賦予一種「光環」。然而，隨著攝影和電影等現代技術的出現，這些本質上可被「複製」的藝術形式，逐漸喪失了原有的唯一性。隨之而來，人們對藝術作品的態度也發生了改變，這也使得大眾更容易獲得均質化的藝術體驗。

班雅明認為，大眾是接受複製技術的主要對象。透過新聞媒體每日播報的新聞影片，大眾的身體逐漸被同化，隨著同時接收大量資訊，人類自身也逐漸機械化。而處於這種狀態下的人們同樣失去了靈光。在一九三〇年代，納粹運用電影技術來擴張勢力的背景下，班雅明的這一論述無疑具有深刻的象徵意義。

然而，即便在奧特加的論述中，我們可以感受到某種對大眾的厭惡，並能理解那個時代所帶來的閉塞感，奧特加——乃至討論「人」（Das Man）的海德格——卻未明確提出應對之策。與此不同的是，班雅明即便身處同樣的時代，仍試圖為大眾探索其他的可能性。在其論考的結尾，他論及法西斯主義將政治美學化，以及共產主義將藝術政治化的策略。然而，政治、技術與「大眾」之間是否存在「其他的」可能性，至今依然是未解的課題。

三、對實證主義與技術的懷疑

胡塞爾的現象學

奧特加與班雅明都談及當時文明的「危機」，而從另一個角度探討這一「危機」的，則是胡塞爾。

胡塞爾從數學與邏輯學研究入手，並在《純粹現象學通論》（全三冊）這一系列著作中，創立了至今仍具深遠影響的現象學。胡塞爾的現象學主張回歸「純粹意識」，並提出「回歸事物本身」的口號。正如前述，海德格的存在本體論承襲了胡塞爾的現象學。同時，現象學對法國思想也產生了深刻影響，並被後現代主義批判性地繼受。

胡塞爾的現象學透過「現象學的還原」，將我們從沉浸於心理主義（Psychologism）或物理主義（Physicalism）的自然主義態度中「懸擱」[3]起來，進而引導我們回到「超驗主體」這一「實

3 譯註：「懸擱」（德語：Einklammerung）是現象學的一個重要術語，由胡塞爾提出。它意指將我們對世界的預設信念和自然態度暫時「懸擱」，即將其擱置或排除在考量之外，以便專注於純粹的意識經驗和現象本身。這種方法不是否定事物的存在，而是暫時不去探討其存在與否，而是直接聚焦於如何在意識中呈現，從而達到對「純粹現象」的更深理解。這一過程有助於我們超越日常經驗中的偏見，回歸到現象本身的直接體驗。

事本身」的場域。在其晚年，他開始探討這一超驗領域的成立，並進一步思考其與「生活世界」以及「互為主體性」（Intersubjectivity）中的他者之間的關係。相較之下，法國哲學家梅洛－龐蒂則主張，「現象學的還原」最終是不可行的——這是胡塞爾絕不認同的觀點——並在承接這種思考的後期發展基礎上，提出了以「肉身體現」為核心的獨特身體論。

胡塞爾在晚年以演講稿為基礎完成了《歐洲科學危機與超驗現象學》（一九三六年，以下簡稱《危機》，中央公論社），以獨自的方法描繪了「危機」的時代形象。

胡塞爾身為猶太人，在納粹奪取德國政權時期曾遭受政治迫害。然而，他在《危機》一書中所揭示的並非這類政治迫害的「危機」，而是針對歐洲「整體學術」的「危機」。在書中，胡塞爾深入探討了政治危機時代中，學術本身所面臨的危機，並追溯自笛卡兒以來歐洲哲學的演變，直至當代思潮的發展。那麼，這樣的論述究竟意欲表達什麼呢？這正是他在書中試圖回答的核心問題。

對實證主義傾向的批判

簡單而言，問題就出在這門學問的「實證主義傾向」。

自十七世紀以來，西方自然科學達到了巔峰，胡塞爾充分肯定其成就，但同時批評這種思維方式逐漸侵入人類的內在生命與精神領域。儘管他高度評價實證主義學科及其衍生的知識，但他指出，這些學科試圖全面覆蓋我們整體生命，構成了思想上的「危機」，同時也是「歐洲學術」的危機。在胡塞爾看來，實證主義的立場應當根植於他所稱的「生活世界」，任何未經此基礎的論述都是顛倒本末的。他主張，必須回歸扎根於「生活世界」的原初知識基礎。這一觀點與梅洛—龐蒂在其身體論中的立場相契合——梅洛—龐蒂強調的並非客觀、生理性的身體，而是以自身的生命與意識為基礎的「肉身體現」。

這種思想可以說反映了歐洲藉由自然科學及其技術推動全世界歐洲化的一種反思。然而無論如何，圍繞一九三〇年代的「危機」思潮，無論如何，都是從學術整體的角度來審視的。然而，對胡塞爾而言——以及隨後將討論的海德格——「歐洲」這一觀念性的對象，或其作為觀念存在的本質，從未受到質疑。這一點可從他在書中最後一章所闡述的「作為人類的自我反思，作為理性的自我實現的哲學」中清楚看出。胡塞爾討論了生活世界與他者，但其論述仍繼承了自希臘時期以來的「歐洲理性」這一終極「目的」（Telos）。而這恰是後現代理論所批判之處，因為所謂的「危機」其實是「歐洲的危機」，而胡塞爾認為解決之道在於回歸超越實證主義研究的「歐洲理性」。接下來將討論的海德格技術論，則更加聚焦於由科學引發的技術問題，並深入分析當時的情勢。

海德格的思索

如前所述，海德格繼承了胡塞爾的現象學，但將其重新詮釋為「存在本體論」，並指出自希臘以來，歐洲思想一直陷於一種「存有遺忘」（Seinsvergessenheit）[4]的狀態。海德格的主要著作《存在與時間》於一九二七年出版，然而該書實際上僅完成了他原先計劃撰寫內容的三分之一。原本他計劃在後半部分深入探討自亞里斯多德以來希臘思想的存在樣態，追溯本體論的歷史，儘管部分內容曾在課堂上講授，但最終未能完成。

然而，海德格基於「存有遺忘」所提出的批判，實際上針對的是近代以來歐洲學術研究以及實證主義式的論述。從這個角度來看，他與胡塞爾的方向性一致。然而，與胡塞爾不同的是，海德格曾親近納粹，並在納粹政權期間擔任弗萊堡大學校長，並發表了著名的「校長就職演講」（一九三三年）——儘管他後來因與納粹政見不合而辭職。至今，海德格與納粹的關係依然是討論的焦點，包括近年公開的「黑色筆記」[5]等文件揭示的細節。在學術領域中，胡塞爾沉浸於學術研究，批判實證主義，並探討其危機，但在政治參與方面，與海德格截然不同。相較之下，海德格在反對近代科學主導的學術地位、批判歐洲學術現狀、以及尋找希臘「起源」方面，立場更為堅定。為了復興「Abendland」——即夕陽西下的歐洲，海德格試圖從根源處反思，透過重新審視「存有遺忘」的歷史，來實現這一振興目標。

海德格與科技論

海德格對「技術」展開了一系列深入探討。他對技術的思索始於一九三〇年前後，並於一九五三年完成〈技術的追問〉。這一論述被認為受到了德國思想家暨小說家恩斯特・榮格（Ernst Jünger, 1895-1998）的著作《工作者》（*Der Arbeiter. Herrschaft und Gestalt*, 1932）的影響。榮格在該書中，基於對一戰戰敗的反思，提出了「總動員」的觀念。海德格認為，技術的本質在於「集置」（Ge-stell），這一術語也可譯為「總動員系統」，顯然受到榮格的啟發。海德格批判現代技術，特別是當時備受關注的核能應用，認為現代技術無止境地「調動」和「驅使」大地的能量，而非依循自然的本來面貌來加以運用。他指出，對於居住在大地上、從事農耕的人類而

4 譯註：「存有遺忘」（德語：Seinsvergessenheit）是海德格在其存在哲學中提出的關鍵概念，指自柏拉圖和亞里斯多德以來，西方思想逐漸忽視對「存有」（Sein）的深層追問，而僅專注於對具體存在者（Seiendes）的研究。海德格認為，這種「遺忘」導致西方哲學陷入只關注事物性質和效用的狀態，而忽略了存在本身的本質問題。由於現代技術與科學進一步強化了這種傾向，人類日益以工具化的方式對待世界，喪失了對存有的原初理解。海德格呼籲重新思考「存有」的意義，以克服這種哲學上的遺忘，從而回歸對存在的本真追問。

5 譯註：「黑色筆記」（Black Notebooks）是海德格於一九三一年至一九七〇年間撰寫的私人手稿，因封面為黑色而得名，於二〇一四年首次公開。內容涵蓋哲學思考、文化批判，以及對納粹主義的看法，並包含反猶太言論。這些筆記引發爭議，重新引起對他政治立場及哲學思想的審視。

言，現代技術撕裂了人與大地的連結，並徹底榨取自然資源，使人類遠離原本的生活方式。

對此，海德格設想，技術應該回歸其原本的製作本質，即創造（poiesis）的功能。這一觀點與他對「存有遺忘」的批判相呼應。最終，海德格引用德國浪漫派詩人腓特烈・賀德林（Johann Christian Friedrich Hölderlin, 1770-1843）的名言：「危機之中孕育著救贖的力量」，將技術的製作與創造性的使用託付於未來。

海德格的技術論是一種典型的技術理論，揭示了現代技術作為「危機」的本質，並將核能等議題納入討論。他批評那些脫離我們生活實況的技術發展，認為應重新審視其根源，主張回歸技術的本初意義。

然而，海德格最終引用賀德林的詩作，試圖在詩歌中尋求「創造」的救贖。然而，在一個大規模普及、甚至受到均質化控制的社會中，對於科學技術的抗衡究竟能有多大成效，卻仍是未知之數。如果該詩歌包含了對希臘思維起源的追尋，那麼所謂的「解決」之道，依然是在歐洲中心主義框架下處理「危機」。這一思路與胡塞爾基於對歐洲理性的信念來探討「危機」的方式如出一轍。

現在，讓我們重新審視「大眾化」與「技術」這兩個交織的主題，並透過它們與各自時代的關聯，批判性地總結迄今圍繞這兩個議題所展開的討論。

四、結論——今日的課題

二十世紀前半的歐洲哲學在內容和發展上都取得了深遠的成就，並形成了一套至今仍具影響力的思想體系。然而，其核心卻隱含著一種倒錯的自我意識，這種意識包含了對自身「世界統治」的批判態度。從法國大革命到俄國革命，大眾的崛起無疑是歐洲民主革命的成果。從某種角度來看，這種透過自由主義達成的成就，確實是歐洲人類史上的光輝典範，亦成為世界的楷模；但從另一角度來看，這同時也是大眾文化腐蝕的根源。本章所提及的思想家皆與一九三〇年代以來法西斯主義所帶來的暴力密切相關。此外，進入二十世紀後，自十七世紀以來累積的科學知識似乎達到了巔峰，但其技術透過媒體深刻作用於大眾，並以其特質讓我們忽視或遺忘生存的根基，即所謂的「生活基礎」。歐洲不得不面對這些自身卓越思想結晶所帶來的內部矛盾，宛如自戕。從「世界哲學史」的觀點來看，這無疑是一個巨大的歷史諷刺。

然而，歐洲這種自我批判的態度，無疑在反思哲學形態時構成了一個重要的論點。哲學本質上就具有以批判為原動力的特質。然而，能夠針對自身的社會基盤與其條件有如此廣泛的批判，依然是這一時代的顯著特徵。二十世紀前半期歐洲思想的繁榮與輝煌，正是在其全球地位逐漸「沒落」的背景下孕育而成——隨著美國的崛起、蘇聯的成立，以及亞洲和非洲的興起，加上全球化的不斷推進，使這一現象在「當今」顯得愈加突出——這一歷史現象確實值得我們反覆重新審視與思索。

此外，無論是奧特加對大眾的批判、胡塞爾對實證主義的質疑，或是海德格的科技批判，這些批判最終究竟產生了什麼實際影響，抑或是否達成了任何新的超越和學術知識，至今仍不明確。即便是對大眾社會和科技社會感受到新氣息的班雅明，在如何從如今已經失去大半意義的共產主義詞彙中尋找希望方面，也未提出具體而明確的描述。然而，這也不能歸咎於他們。進入二十世紀後半葉，隨著網路的興起，大眾化愈演愈烈；儘管在網路社會、核電問題、基因工程等領域，技術已發展到當年難以想像的境地，但這些技術也逐漸失控。作為生活在當今時代的我們，同樣不能放棄批判的視角，必須在當前狀況之上重新建構我們的語彙。要實現這一目標，唯有借鑒並延伸二十世紀前半的哲學運動。

延伸閱讀

荷西・奧特加・加塞特，《大眾的反叛》（《奧特加著作集2》，白水社，一九六九年）——本書另有佐佐木孝翻譯的岩波文庫版（二〇二〇年）。奧特加在日本因西部邁的提起而為人所知，但若翻閱奧特加的著作集，就會發現他回應時代的主題多元，從美術論到歷史哲學等各領域，大眾論似乎也該被視為其中一個主題。

三島憲一，《班雅明：破壞、收集、記憶》，岩波現代文庫，二〇一九年——本文限於篇幅無法充分討論班雅明，而本書詳細地追溯了他的生平，可以順著班雅明的論點思考，而班雅明的論點是無法直線講述的。

加藤尚武，《海德格的技術論》，理想社，二〇〇三年——雖然只是一本編輯過的小書，但內容對海德格的思想提出相當尖銳的批判，同時也詳細解讀海德格的論述。關於海德格的技術論，另外還有由森一郎編譯的《何謂技術》（講談社學術文庫，二〇一九年）。日本學界對其進行多種翻譯的嘗試。

木田元，《梅洛—龐蒂的思想》，岩波書店，一九八四年——此書雖稍嫌過時，但其中對梅洛—龐蒂思想、生平的概述非常精彩。其他尚可參考《梅洛—龐蒂讀本》（法政大學出版局，二〇一八年）等。

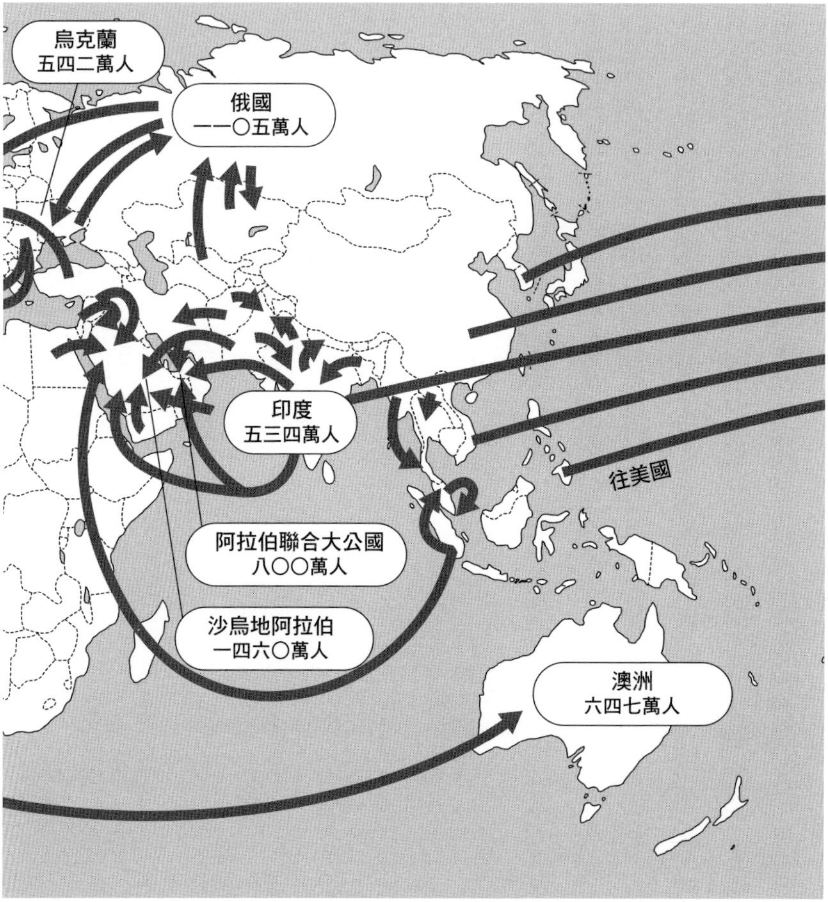

＊移居者中包含各國別的難民人數（世界銀行／Word Bank資料）
出處：《新詳地理資料 COMPLETE 2019》帝國書院

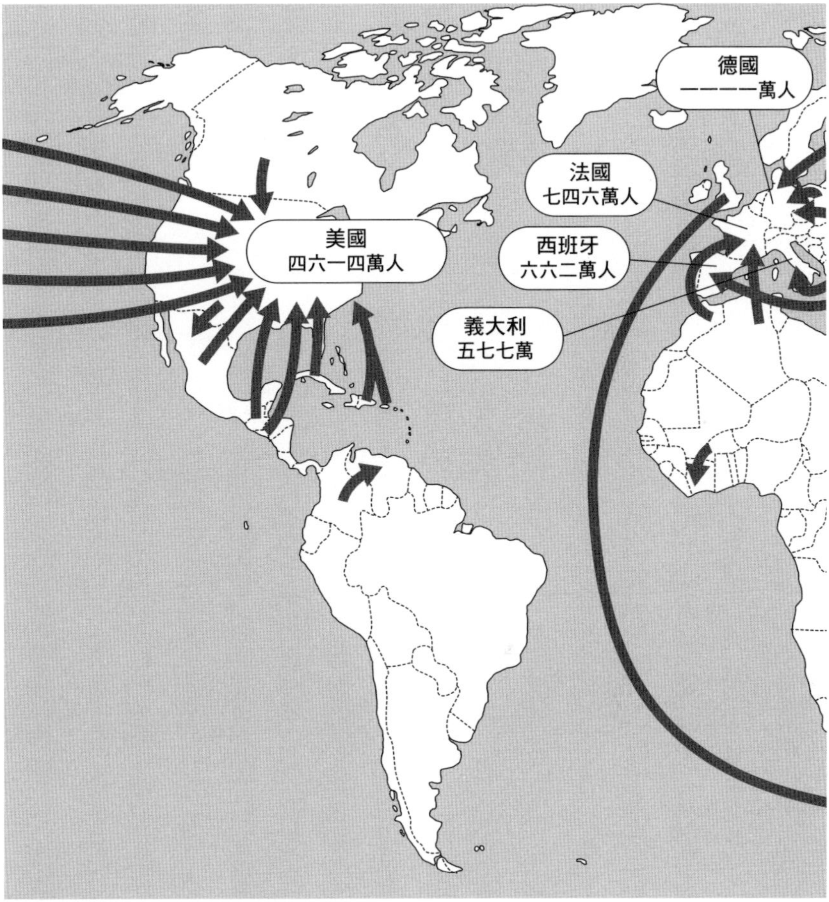

跨國人口移動（二〇一三年為止）

國名（人）　主要國家的外來移居者人數

來自外國的移居者之接受國與遷出國（截至二〇一三年，超過八十萬人者）

世界哲學史 1

古代篇（I）哲學的起源：從智慧到愛智

世界哲學的起源，由西亞、印度、東方等各地宗教的傳統智慧，以及古希臘的「愛智學」交織而成。遠古的人類如何進行探索，思考自身存在的意義呢？

世界哲學史 2

古代篇（II）世界哲學的誕生：建立與發展

在羅馬、波斯與秦漢等歐亞各大帝國的時代，哲學如何隨著基督教、佛教、摩尼教、儒教等普世宗教蓬勃發展，演變為「世界哲學」？

世界哲學史 3

中世紀篇（I）中世紀哲學的革命：超越與普遍

西方哲學如何透過經院哲學等神學系統，開展全新的變化？伊斯蘭教與佛教又如何在古老的宗教傳統上發展全新的哲學？

世界哲學史 4

中世紀篇（II）中世紀哲學的重生：個人的覺醒

在中世紀的巔峰，人類開始覺醒，思考自身與世界的距離與定位。人類如何擺脫傳統神學與宗教束縛，以「個人」為出發點，追求全新的哲學觀？

世界哲學史 5

中世紀篇（III）巴洛克時代的哲學：新世界的衝擊

中世紀的晚期迎來大航海時代，推動以全球為範圍的文明交流，哲學因而發展並邁入全新的紀元。各種文明與思想的碰撞，將會產生什麼樣的火花？

第四章　近世經院哲學
第八章　近代朝鮮思想與日本

世界哲學史 6

近代篇(I)啟蒙時代的思想變革：理性與情感

近代的開端，肇始於十八世紀末的啟蒙運動。啟蒙運動所追求的人類理性與情感力量，如何推動世界哲學的發展，最終迎來前所未有的思想革命？

第一章　啟蒙的光與影
第二章　道德感道德情論
第三章　名為社會契約的邏輯
第四章　從啟蒙到革命
第五章　啟蒙與宗教
第六章　殖民地獨立思想
第七章　批判哲學的嘗試
第八章　伊斯蘭的啟蒙思想
第九章　中國的情感哲學
第十章　江戶時代的「情感」思想

世界哲學史 7

近代篇(II)近代哲學的演進：自由與歷史

近代的尾聲，是人類透過科學展現無窮力量的進步時刻。人類如何對自身的力量進行反思？又如何試圖突破意識型態的框架，追求真正的自由？

第一章　理性與自由
第二章　德意志的國族意識
第三章　批判西方的哲學
第四章　馬克思的資本主義批判
第五章　演化論與效益主義的道德論
第六章　數學與邏輯學的革命
第七章　「新世界」的自我意識
第八章　唯靈主論的變遷
第九章　近代印度的普遍思想
第十章　「文明」與近代日本

世界哲學史 8

現代篇　全球化時代的哲學：現代與後現代的對話

西方後現代的思潮、性別觀及批評理論，以及伊斯蘭世界、中國、日本、非洲等地的哲學發展，如何在今天分散且多元的全球化時代，探索人類的「智慧」？

第一章　分析哲學的興亡
第二章　歐洲的自我意識與不安
第三章　後現代或後結構主義的理論與倫理
第四章　女性主義思想及圍繞「女性」的政治
第五章　哲學與批判
第六章　現代伊斯蘭哲學
第七章　中國的現代哲學
第八章　日本哲學的連續性
第九章　亞細亞中的日本
第十章　現代非洲哲學
終　章　世界哲學史的展望

世界哲學史 9

別冊　開啟未來的哲學：回顧與前瞻

本冊第一部分收錄山內志朗、中島隆博、納富信留等三位編者的對談，以「世界哲學」為主題展開，討論本套書各冊內容的精華；第二部分則是以十三章的篇幅，探討與「世界哲學」概念相關、未在前八冊出現的課題。

第一部　世界哲學的過去、現在與未來
第一章　展望未來的哲學：回顧《世界哲學史》前八冊
第二章　邊境所見的世界哲學
第三章　作為世界哲學的日本哲學
第四章　世界哲學的形式與實踐
第二部　世界哲學史的延伸討論
第一章　笛卡兒的《論靈魂的激情》
第二章　傳入歐洲的中國哲學思想
第三章　西蒙·韋伊與鈴木大拙
第四章　印度邏輯學
第五章　伊斯蘭的語言哲學
第六章　道元的哲學
第七章　俄羅斯的現代哲學
第八章　義大利的現代哲學
第九章　現代的猶太哲學
第十章　納粹的農業思想
第十一章　後現代的世俗哲學
第十二章　蒙古的佛教與薩滿信仰
第十三章　正義論的哲學

CHAPTER

three

第三章

後現代或後結構主義的理論與倫理

千葉雅也

ポストモダン、あるいは
ポスト構造主義の論理と倫理

一、法國的後結構主義與其對世界的影響

後現代、後結構主義

所謂的後現代，指的是現代（modern）之後的時代。關於這種時代區分是否成立，過去曾引發論爭。從十八世紀的啟蒙時代到十九世紀的現代社會，歷經兩次世界大戰，並隨著資本主義的發展而產生變化，進入二十一世紀後，隨著網路、特別是社群網絡的普及，現代社會展現出不同於二十世紀戰後世界的面貌。即便現代性的基本結構仍延續至今——因此被稱為「晚期現代」——但「後現代」一詞已被廣泛用來描述自二十世紀下半葉開始的社會狀況。

「後現代」作為思想史上的一個概念，最早由尚—弗朗索瓦・李歐塔（Jean-François Lyotard, 1924-1998）在《後現代狀態：關於知識的報告》（*The Postmodern Condition: A Report on Knowledge*, 1979）中加以定義。李歐塔質疑現代社會對進步與平等的「宏大敘事」或「理念」，轉而強調分散的知識運動與多元化的現象，並將其稱為後現代。本章亦以此定義作為論述的基礎。

被稱為後現代思想的，主要是由吉爾・德勒茲（Gilles Louis Ren Deleuze, 1925-1995）、雅克・德希達（Jacques Derrida, 1930-2004）與李歐塔為代表，起源於一九六〇年代的法國「後結構主義」哲學。此外，後殖民主義、性別理論等也受其影響〔在北美，這類後結構主義的人文研究被統稱為「理論」（theory）〕。義大利的喬治・阿甘本（Giorgio Agamben）等人也依據後結構主義發展各自的思

想。在日本，「新學院主義」（柄谷行人、淺田彰、中澤新一等人）在法國思潮的影響下於八〇年代興起，它是文藝批評的延伸，其限制比學院派更少。

從世界哲學的觀點來看，後現代思想推動了以西方文化「經典」（canon）為核心的學院體系的解構，並促進了跨領域研究。這使得過去權威觀點未能充分涵蓋的大眾文化與少數族群議題逐漸被納入討論範疇。同時，它也在背後鼓勵世界各地在不同環境中進行實驗性的思考，從而平衡了原有的具體性與抽象性。

然而，在此必須補充一句，拒絕接受「後現代」一詞的人，通常對後結構主義懷有質疑甚至厭惡的態度，關於這一點，將在後文中詳加說明。

從筆者的觀點來看，雖然德勒茲與德希達本人拒絕接受「後現代」的稱號，但他們可被視為後結構主義的代表，並且將其歸類為後現代思想並無不妥。本章將更廣泛地討論米歇爾·傅柯（Michel Foucault, 1926-1984）與伊曼紐爾·列維納斯等同時代的哲學家們。此外，也將談到甘丹·梅亞蘇（Quentin Meillassoux, 1967-）等繼承後結構主義系譜且至今仍活躍的學者。

二、後現代的理論

差異與二元對立——德勒茲、德希達

每一位後結構主義的學者皆極具個性，這一思想群體在各種意義上都傾向於「顛覆」既有的常識與社會體制。他們的特徵，或許更可視為透過高度修辭技巧來「玩弄悖論」。人們經常將這種帶有反叛精神的基本特質，與一九六八年巴黎的五月風暴（Mai 68）聯繫起來。

這種透過「玩弄悖論」來達成顛覆的思想，其關鍵詞正是「差異」（difference）。而將這一概念推向時代象徵的，正是德勒茲的主要著作《差異與重複》（一九六八年）及德希達的一系列作品。德希達更創造了「延異」（différance）這一詞彙，融合了時空位移的意涵，揭示了語言和意義的不穩定性，進一步挑戰了傳統的哲學框架。

與「差異」相對立的是「同一性」。德勒茲的哲學是一種不依附於同一性的「差異哲學」，即本質上以差異為核心的思想體系。根據德勒茲的觀點，面對差異時，同一性僅為次要的原則：

> 同一性並非首要的原則，雖然同一性確實是作為原理而存在，但不過是次等原則、作為事物生成原理而存在的，簡單來說，同一性是圍繞著「差異」，這就為差異擁有自己的概念提

供了可能性。這是哥白尼式革命的本質，從這一方面出發，差異就不會繼續受制於過往被同一性定義的一般概念。（德勒茲，《差異與重複》上，財津理譯，河出文庫，二〇〇七年，頁一二一—一二二）

邏各斯[1]透過「A是—」的形式來描述事物的性質，即論定事物具備同一性。常識中的世界由各種事物組成，而這些事物的性質被預設為本質相同。面對這種認知方式，後結構主義（後現代）思想採取了顛覆性的立場。然而，這並不意味著隨意主張事物在任何時刻都不具同一性——正如先前所引，同一性雖為次級原則，但仍然「作為原理而存在」。在某些層面上，同一性可暫時獲得承認，但同時，一切事物也都處於不斷的差異「化」之中。相比之下，德希達採取更為晦澀的論調，專注於探討同一性在其生成過程中的缺陷與失敗。

根據德希達的觀點，西方的邏各斯建立在二元對立的基礎上，而且這些對立具有非對稱性，即一方居於優勢，另一方處於劣勢。這些重疊的二元對立構築了整個知識體系。然而，德希達指出，這種價值上的非對稱性並不必然成立，換言之，其同一性無法穩固維持，而這一點可以透過對文本的微觀解讀加以揭露。這種解讀策略即為「解構」，它專注於探究二元對立中「不可判定性」的技巧：

……在類似古典哲學的對立中，我們涉入的並非**對立的**和平共存，而是一種暴力式的等級制度……。在這種二元論中，一方通常居於優勢（無論是價值觀上還是理論上），從而支配另一方。而要解構這種對立，首先必須在特定時刻顛覆這種等級秩序。（德希達，《立場》，高橋允昭譯，青土社，二〇〇〇年，頁六〇）

在這種「翻轉」的基礎上，德希達試圖概念化一種「不再局限於（二元論式的）哲學對立之中，但仍在其中生存，並抵制和顛覆其秩序」的東西。這種被認為是「不可判定」的事物，並非第三項（同前揭書，頁六三）。若以比喻來說，它就像是既非毒也非藥、既非善也非惡、既非內部也非外部的「pharmakon」（毒與藥的雙義詞）（德希達，〈柏拉圖的藥房〉，收錄於《播散》）。

同一性（基於此構築的邏各斯體系）與差異，是當前所探討的最大二元對立，亦即後結構主義所面對的後設二元對立。對此問題同樣需要以解構的方式來加以處理。換言之，後結構主義的思考並非單純地優先強調差異，而是聚焦於同一性與差異之間相互拉扯的「中間地帶」。

■

1　譯註：邏各斯（Logos）是古希臘哲學中的概念，指「理性」、「話語」或「道理」。它代表宇宙秩序，確立事物的性質與同一性，是理解世界的理性基礎。在基督教中，邏各斯被視為神的聖言，與耶穌基督相關聯。

同一性與差異的二象性，雙重束縛的思考

德勒茲所提出的「潛在」（virtuel）即是如此。潛在代表差異的存在方式，而與之對立的是「實在」（actuel），屬於同一性的一方。然而，這兩者之間是互相依存的，無論是從潛在到實在的轉化過程，或是反過來說，實在也總是伴隨著潛在（在德希達的意義上）。同一性與差異性之間的關係，應被視為存有論上的「二象性」——例如，可以類比為量子物理中所提到的「波粒二象性」。

在後結構主義（後現代）思想中，當提出相對立的兩個原理時，並非片面擁護某一原理作為完全解釋世界的唯一途徑，並與另一方展開辯論以求分出勝負。相反，這種思想刻意維持一種「雙重束縛」的狀態，在此狀態中，同時保留兩個相對立的觀點，並深入探討其間的緊張關係。我們可以將這種方式稱為「雙重束縛思考」。

雙重束縛思考中包含了「A∧¬A」（A為A，而且為非A）這種矛盾命題的意涵。在邏輯中，任何命題若能從矛盾命題引申為真命題，便會引發所謂的「爆發」（explosion），從而導致後結構主義（後現代）思想被視為謬論的結論。然而，在此情況下，不能如此輕率地做出判斷。

在《差異與重複》之前，年輕的德勒茲曾提出這樣一個問題：「是否有可能建立一種不延伸至矛盾狀態的差異存有論？」（德勒茲，〈尚．伊波利特《邏輯與存在》〉，收錄於《荒島與其他文

選一九五三—一九六八》，前田英樹監修、宇野邦一等譯，河出書房新社，二〇〇三年，頁二九）。此處提及的「矛盾」乃是黑格爾（G. W. F. Hegel）的概念。德勒茲的目標是建立一種不依賴於黑格爾辯證法的差異哲學，其成果便體現在《差異與重複》之中。若要補充說明邏輯學上的矛盾概念，可以將情況細分為以下三種樣態：

①矛盾透過黑格爾的辯證法綜合而成。
②邏輯學上矛盾爆發。
③以上皆非，思考在否定關係中的二象雙重束縛。

此處的③，正是後結構主義（後現代）的特徵。所謂的雙重束縛思維，是指將二元對立間的否定視為「未完成」的狀態，懸置在半空中，並同時保留兩者的存在。德勒茲承襲柏格森的觀點，將一切視為持續生成變化的過程，這與前述保持「未完成的否定」之概念相符——整體上，法國的後結構主義確實帶有柏格森的餘韻。所有的二元對立皆處於不斷生成變化的狀態，換言之，就是處於雙重束縛之中。在此情境下，雙方互相伴隨，成為彼此的潛在陰影。聚焦於眼前事物時，總是伴隨著與之對立的「潛在」，正如意識與「潛意識」相互伴隨一般。

這種雙重束縛的思維方式對於理解後結構主義（後現代）至關重要；然而，反過來說，批判這種思維方式的，正是全面否定後結構主義（後現代）的聲音。

從結構主義到後結構主義

在後結構主義之前的一九五〇至六〇年代的結構主義中，所謂的「結構」，是根據獨特的存有論做出的假定。

結構主義認為，現實（actual）事物的存在方式構成了某種抽象結構。若說這種結構本身是實在的，便屬於柏拉圖主義的觀點；然而，事實並非如此。現實中的具體事物同時包含虛擬（virtual）的抽象結構，而正是對這種雙重性的承認，構成了結構主義的核心。這種結構位於中間地帶，既非具體或特殊，亦非純粹的抽象或普遍，更非單純的意識形態，其關鍵在於「未完成」的理論。

雖然結構主義帶有科學主義的色彩，但人們期望引入「結構」這一維度，能夠更真實地記述人文現象的本質。然而，內部的批判卻隨之而來，並推動了後結構主義的發展。所謂的結構，是多個要素間的關聯，而其基本單位仍然是二元對立。隨後，對於二元對立是否普遍成立的質疑逐漸浮現，這也成為徹底的「未完成」理論。德希達的《論文字學》（*De la grammatologie*, 1967）便是其中代表作。他從假設各種二元對立交織的虛構階段開始，進而進入探討雙重束縛思考的階段。在此階段中，作為結構要素的二元對立本身，其虛擬的雙重性成為質疑的焦點。

尼采、佛洛伊德、馬克思

強調差異而非同一性的方針，實際上是對理性至上的顛覆，強調非理性的價值。在十九世紀，這一點由尼采和佛洛伊德清楚地闡明。

若追溯更早的歷史，哲學史上自古以來便存在著與理性和表象相對立的「力」的譜系，而將這種二元性加以近代化並作為主題探討的，則是叔本華。然而，叔本華的思想〔帶有神經質的傾向〕試圖將盲目的「意志」之力壓抑於表象之下。在此基礎上，尼采於《悲劇的誕生》（一八七二年）中肯定了作為音樂原則的「戴奧尼索斯精神」，並主張其與作為造型原則的「阿波羅精神」之間的二元性。而這種二元性，亦可與佛洛伊德所提出的潛意識〔及「性慾」（Sexuality）〕與意識的二元性相呼應。

再者，若將馬克思的觀點引入此處，則可以看到，在資本主義秩序所剝削的勞動力自主化計畫中，也包含了從資本方視角看來非理性的、戴奧尼索斯式的性慾〔及「多相變態」（polymorphously perverse）〕如何應對心理分析的問題。

佛洛伊德的精神分析顛覆了一般對主體的認知。所謂一般的主體是自我透明的，即它清楚了解自身行動的意圖，並在確知的情況下採取行動。相對之下，精神分析假設存在一種無意識的驅動力〔盲目的意志〕，以潛意識的形式潛藏於心中，這種驅動力並不顯現於有意識的層面，使人們無法理解自己行為的真正原因。換言之，我們的行為模式可能因恨而愛，或因愛而疏遠彼此。在精神分析的主體概念中，這種直接衝突表現為矛盾的二元對立，並透過意識與潛意識的拓撲結構加以區分，兩者並立且相互制約。

佛洛伊德假設了一個精神的「區隔」（partition），這種區隔既無法進行邏輯的處理（因為歸結後出現邏輯矛盾），也無法歸屬於黑格爾辯證法之中。這是空間性作為持久性本身，使得**邏輯加速或去時空化尚未完成**，而其導致了矛盾和混合狀態——德希達將其稱為「間隔化」（espacement），這正是雙重束縛思考中雙層次存在的基礎。

支配與被支配的雙重束縛——傅柯

我們不妨從雙重束縛的視角來解讀傅柯的權力理論。傅柯揭示了支配者與被支配者之間潛藏的共犯關係。在《規訓與懲罰：監獄的誕生》（一九七五年）中，他將權力的運作藝術稱為「規訓」（discipline），即在不使用暴力的情況下，使人自發性地遵從一定規範。這一論述打破了統治者與被統治者之間簡單的主動／被動二元對立，進而指出被支配者實際上處於一種可稱為「主動的被動」（自願接受支配）的狀態。

舉例來說，讓我們運用這一論述來分析某個團體。他們致力於反對弊政或揭露政治醜聞，然而實際上，該團體自身也透過類似規訓的方式組織起來（假設他們正是如此運作）。因此，他們的活動往往成為諷刺性批評的對象，而這些批評最終再現了一種與其所批判對象相似的統治模式。然而，這類批評最終常被簡化為「天下烏鴉一般黑」的論調，使得本應具有政治緊迫性的對立失效。在日本，自東日本大震災（三一一震災）以來，這種後現代的批判論調在網路上屢屢重現。

晚期的傅柯繼承了希臘與羅馬的「關切自身」（epimeleia heautou）主題，這同樣體現了雙重束縛的論述。他主張透過與權力保持距離來維持個體的自律性，然而這同時也呼應了新自由主義的「自我責任論」。在這樣的脈絡下，維持一種不捲入其中的自我，雖為客觀批判的必要條件，卻可能轉變為一種規避承諾、追求個人利益最大化的利己行為。因此，批評者指出，這種雙重束縛實則有害，並認為應重新強調明確的「敵視」立場，以恢復二元對立。然而，如前所述，這往往最終導致重複被批判對象的行為模式（弄巧成拙），因此又必須再度以後現代的觀點來反思與批判。

德勒茲、德希達、傅柯等人的論述中，呈現出一系列二元對立的概念，這些概念構成了雙重束縛，並無法簡單地以「善／惡」來劃分。這種對待概念的方式，迫使讀者去忍耐，而可以說，這種忍耐本身正是後結構主義（或後現代）的倫理與政治意義所在。在解讀文本的過程中，同樣需要解構卡爾・施密特（Carl Schmitt）式的「敵／友」對立觀念。

三、他者與相對主義

同一性與他者性的雙重束縛

對於文化與社會制度同一性的質疑，正與如何思考「他者」的問題緊密相關。後結構主義所提出的「差異的哲學」，同時也是「他者的哲學」。這一思潮與曾受帝國主義統治地區所衍生的後殖民主義觀點相呼應，並與從各種少數族群立場出發而解構傳統規範的酷兒研究、身心障礙研究等領域息息相關。

激進的「他者論」代表人物包括列維納斯和德希達。在《整體與無限》（一九六一年）一書中，列維納斯批判海德格的存在本體論，認為其屬於同一性的哲學（此處應注意海德格支持納粹的立場），並進而發展出一種將他者視為「無限」且遙遠的、被排除於存在本體論之外的哲學。因此，在後現代的脈絡中，他者作為「絕對無法被同化的他者」的概念屢次出現，成為思想討論的核心。

然而，德希達卻對列維納斯試圖淨化他者的他者性表示擔憂，並指出在談論列維納斯「倫理上的非暴力」之前，有必要關注同一性與他者性之間的雙重束縛（參考德希達，〈暴力與形上學〉，收錄於《他者哲學：回歸列維納斯》）。由此可見，後現代思想並非單純地將他者絕對化，而是更深入地探討同一性與他者性之間的複雜關係。

後—後現代的相對主義批判

時至今日，後現代思想有時被批評為「低劣的相對主義」。然而，這並非新出現的情勢，因為相關的後現代論者在過去早已面臨過類似的批判。

相對主義的思想曾一度具有解放意義。克勞德・李維史陀的結構人類學，將非西方的文化與社會體系與西方並列齊觀。此外，羅蘭・巴特的「作者已死」宣言，使文本解讀獲得更多自由；德希達則透過刻意忽視文本主旨的閱讀方式，大膽挑戰西方學術傳統，為學界注入一股新氣息，卻也因此面臨強烈的反對聲浪。然而，後現代思想的學者並非無視傳統學術規範，而是更謹慎地處理學術中的各種緊張關係，這一點絕不容忽視。如今，承襲後現代思想或傾向此路徑的研究者們，依然秉持相同的態度。

然而，時至今日，情勢已經有所變化。進入二十一世紀初期，後現代的相對主義已經普及，權威主義也隨之削弱——網際網路的興起更是大大加速了這一過程。在言論更趨民主的時代，曾經解放性的相對主義如今似乎反而成為一種阻礙。相對主義固然有助於擴大話語權，但在以特定利益為基礎發表言論的情境中，強調命題的雙重束縛反而成為一種負擔。以佛洛伊德的觀點來看，近年重新興起的現代主義和啟蒙主義，其復興恰恰建立在「壓抑」與個人主張相伴的潛意識對立之上。

總之，若將後現代或後結構主義的思考視為「事情怎麼說都對」的粗淺相對主義，無疑是錯誤的理解。

例如，將為政治目的而進行虛偽強辯的「後真相」（Post-truth）現象與後現代思想掛鉤，並主張社會批判應基於更確切的證據與事實，便形成了所謂的「後－後現代」論述。雖然這樣的論述具有一定的必要性，但它同時也是一種試圖壓抑意義與脈絡依存性的必要條件。無論是依據自然科學提出的證據和事實，或是以宗教信仰為基礎的絕對主張，其根源皆在於人們渴望擺脫根據情境變化不斷調整傳播方式的勞力。這種調整並不會導向真理，而僅僅是一種不純粹的「妥協點」。同樣地，追求扎根亦是為了逃避不純粹的勞動。表面上看似非相對主義的處理方式，實際上卻往往排除意義的不穩定性，從而為機械且殘酷對待他人的行為提供了正當化的理由（例如納粹的科學主義）。

後現代思想試圖抵抗將某種社會條件「永續化」的傾向。實際上，其目標在於不斷重新建構一種可以共存的「準安定」社會狀態，既能包容規範的偏差，又能讓人們在動態、非機械化的「信任」形成過程中共存。這種思維強調，社會秩序應保持彈性，而非僵化地追求永久不變的穩定。

四、否定神學批判及其超越

否定神學批判——德希達與《批評空間》

關注二元對立的不可判定性成為後結構主義中的一種形式問題。一些研究者將二元對立的不可判定性——亦即有意義思考的不可能性——視為某種特權概念。從結構主義的觀點來看，意義本身是由二元對立構成的，而將這種不可判定性視為驅動思考的核心，進而形成一種論述模式。思考不可能性的過程就如同黑洞的核心，既是思考的動力源，也是其無法擺脫的重力場。人類的思考總是圍繞著「某物＝X」不斷徘徊，試圖掙脫二元對立的束縛。例如，德勒茲的「悖論序列」（Series of Paradoxes）或拉岡的「菲勒斯」（Phallus）[2]便指向這一核心。德希達則將此命名為「超驗能指」，透過後設觀點來處理這種思維模式，揭示其內在的張力與動力。

在日本，透過「批判空間派」的相關作品，包括柄谷行人《作為隱喻的建築》（一九八三年）、淺田彰《構造與力》（一九八三年）、東浩紀《存在論的、郵寄的》（一九九八年）等，確

2　譯註：「菲勒斯」（phallus）是一個源自希臘語的詞，指男性生殖器的圖騰。而在拉岡的理論中，「菲勒斯」象徵權力、欲望和缺失，而非僅是生理性器官。無論性別，每個人都經歷對菲勒斯的缺失感，這驅使他們不斷追求滿足，然而這種象徵性的欲望永遠無法完全實現。因此，菲勒斯成為個體自我認同和社會身分的重要基礎。

立了上述模式是西方近現代思想的本質之觀點。東浩紀將其稱為「否定神學系統」，並認為德希達敏銳地察覺此點，進而將其外部視為研究焦點，藉由「郵寄」的隱喻來探索另一種思考不可能性的可能。東浩紀指出，超驗能指為單一中心點，而德希達的研究則指向多元的思考不可能性展現出對單一中心的解構與超越。這種「否定神學批判」的主題在二〇〇〇年代成為日本現代思想的重要典範。

在二〇一〇年前後，「思辨實在論」（Speculative Realism）思潮興起，全球開始關注以單一思考不可能性——或二元對立的不可判定性——為核心的系統外部問題領域，這成為備受關注的思想趨勢。

雙重束縛的徹底消滅——梅亞蘇

思辨實在論的先驅，甘丹・梅亞蘇（Quentin Meillassoux）在其著作《有限之後》（*Après la finitude*, 2006）中，明白表現出想要超越德勒茲與德希達等人的野心，批判了貫穿從康德到後結構主義漫長發展過程的「相關主義」（corrélationisme）。

梅亞蘇的相關主義，是指我們人類只能以自身思考結構（康德以超驗論來說明）相關之形式，思考產生的「現象」，因此相關外部的事物（康德的物自身）被假定為不可思考的。在相關思考中，無法思考之物如影隨形，思考則由此受到驅動。這與前述的否定神學系統相當。對此，梅亞蘇主張有一種現實不再是無法思考的，亦即今日另一種外部現實是可思考的，那就是。從日本的脈絡而言，這個思辨的嘗試可視為對否定神學的一種批判。

另外，梅亞蘇主張，世界的數學秩序是偶然的，沒有終極基礎，因此在自然法則的層面上，世界有可能突然轉變成不同的秩序。如此，與其說秩序伴隨著非理性的陰影，不如說整體的秩序本身就是非理性的，換言之，阿波羅式的事物整體成為戴奧尼索斯式的型態，之前世代所設定之雙重束縛的「間隙」被壓縮到極限，可以說到達了單一唯物論的境界，雙重束縛徹底無效（梅亞蘇本人稱其立場為「思辨唯物論」）。

非哲學的內在主義——拉呂埃勒

近年，弗朗索瓦．拉呂埃勒（François Laruelle, 1937-）在英語世界重新得到了評價。拉呂埃勒在八〇年代開創了一種可被認為是否定神學批判的論點，當初他把自己的理論稱為「非哲學」，之後改稱「非標準哲學」。

所謂的非哲學，是將整體哲學視為二元對立的構造物，並把過往德勒茲與德希達等人試圖擺脫的嘗試也納入範圍，將他們的思想歸結為哲學上必然出現的附隨物，將自己至於哲學及其解構的整體之外，站在從外向內分析的立場。在這層意義上，可說非哲學乃一種後設哲學。根據拉呂埃勒的說法，他的非哲學外部是所謂絕對的內在性，是所有二元分項化眼前的「太一」

（to hen）。因此，他把存在概念與太一概念分開，並提高後者的聲量以否定後海德格的脈絡。

從哲學方面來看，純粹內在的太一反映的是否定神學的不可思考之物，其本身中可存在非哲學的、別的關聯方式。此種不使用二元對立之別的關聯方式，拉呂埃勒稱之為「實用性」（pragmatics）。實用性理論中的太一並非無限的外部，而是有限之物。

再者，在拉呂埃勒近年的著作《非標準哲學》（*Philosophie non-standard*, 2010）中，他嘗試對哲學與非哲學（後設哲學）建構一套「後—後哲學」的理論，以量子力學為參照，將這兩種觀點視為「波粒二象性」。

破壞的可塑性——馬拉布

凱瑟琳・馬拉布（Catherine Malabou, 1959-）的論述也與否定神學批判有關。

馬拉布在德希達的指導下，撰寫了重新評價黑格爾的博士論文（《黑格爾的未來》，一九九四年）。與梅亞蘇相同，馬拉布也意識到要超越上一個世代的哲學前輩們。馬拉布認為，黑格爾辯證法一直被認為將一切匯聚到更高次元，但其中應重新強調的是其生成變化的思想，並從中提煉出「可塑性」（plasticité）的概念。與德勒茲、德希達的「解構」方向背道而馳，他肯定了「沒有外部」的內在變化性。這種「沒有外部」是物質的標準，是一種對唯物論的支持。

在《新傷者：從神經症到腦傷》（*The New Wounded: From Neurosis to Brain Damage*, 2007）一書中，

他以腦損傷與阿茲海默症為例，指出精神變化完全是由否定神學說明的外部因素所引起，因為拉岡對潛意識運動的否定神學解釋賴以發展的腦神經本身（物質）遭到破壞，並將「破壞的可塑性」的概念應用於此。

總而言之，馬拉布、梅亞蘇和拉呂埃勒的共通之處在於，他們皆致力於將否定神學及其相關性的外部加以內在化。

對康德主義的替代觀點

否定神學外部化的問題意識之根本是康德的思考與物自身。在二十世紀的某個思想時期否定神學系統被確立為康德主義的現代改良（海德格、拉岡）。不過之後又出現了康德主義的替代觀點的嘗試。在否定神學批判中，許多研究者都尋求康德之前的線索。休謨尤其是德勒茲的一個重要的參考點，梅亞蘇也從休謨對因果性的懷疑論提取出了基本的偶然性。另外，後期傅柯對希臘、羅馬時期的追溯也可視為對非康德主義的探索。

傅柯的《詞與物》（一九六六年）是否定神學批判的原型。根據傅柯的說法，現代性（康德亦屬於此類）意味著人類被捲入了追求某種被隱藏的「不可見之物」的運動中。現代的「有限性」是指「不可見之物」始終存在，而由於這種有限性，人類才在無限、（單數性的）思考不可能性的驅使下持續思考。傅柯預言，在這層意義上的人類，亦即否定神學的人類，終將走向終結。梅亞蘇以「在有限性之後」涵蓋傅柯，將唯物論包攝於內在，再也不受無限遠的X所折磨，而這就是人類終結之後的內在現實。

五、人類終結之後，後現代的倫理

可以說，後結構主義（後現代）思想在傅柯闡明的意義上認真地面對了現代人類的有限性——也就是無法根據二元對立永久固定，人類不斷面對由二元對立無法確定的「不可見之物」一種可以被描述為否定神學的結構。後現代批判是對二元對立不確定性的迴避，就是對現代性的否定，而現代性本應是不可避免的。

接著，如何討論現代性、否定神學的人類終結問題隨之出現。二〇〇〇年代，與此相關的「動物」論成為世界性的話題。

繼《存在論的、郵寄的》，東浩紀又撰寫了《動物化的後現代》（二〇〇一年），他透過亞歷山大．科耶夫（Alexandre Kojève, 1902-1968）的「歷史的終結」論為概念，論證了後現代階段的人類已經不再以否定神學的方式抱持著無限的疑問，而是基於身為動物的本能，只靠重複感知所形成的習慣來生活，而能夠體現此觀點的便是「御宅族」。這種將主體性還原成知覺（僅憑經驗之物）與習慣的觀點，可以追溯到從康德到休謨的思考。

科耶夫認為，根據黑格爾辯證法的結果，人類將臻於完成的境地，亦即歷史的終結，而在此之後便進入沒有目標的狀態。一種是只享受消費主義的「美國動物」，以及另一種是僅僅在形式上玩弄否定性的「日式Snobbism」[3]。不過在傅柯的思想中，人類並沒有達到完成，而是走上了「消亡」，在總結時東浩紀將御宅族作為科耶夫的動物性與Snobbism的綜合體——從科耶夫思想中切割出目的論式人類主義，並用傅柯的否定神學的現代性取代辯證法。

在有限性的人類身上二元對立的邏各斯失效了——這就是現代的人類學。但是，這種特權上的失敗意味著一種（其他動物都不具備的）特別能力，可以無限地追求二元對立中「不可切割」的X。所以，事實上，這是失敗中的成功，東浩紀的論點也許是……我們並非真正的失敗。而我們可以更進一步追究，我們原本應該更為失敗，並且必須徹徹底底地去面對自身的失敗。

我們無法成為能無限地追求無法切割之「X」的「理想人類」——東浩紀的論述意味著現代性從一開始就沒有成功地成立。相反地，規範我們的條件恰恰在於：我們無法無限追求那不可分割的X，而**必然受某種因素的限制與切割**。在邁向更深層未知的向度上，人類的本質仍是

3　譯註：柄谷行人認為科耶夫的「日式 Snobbism」並不帶有歷史性理念或意義，僅是空虛地嬉遊於形式性遊戲的生活樣式。柄谷行人，《終焉をめぐって》，頁一四八。此詞或譯為「日式清高主義」。

動物性的，依循本能行動，受制於習慣性的偏好，無反思地重複相同的判斷，最終只能選擇放棄。而這種傾向因人而異，並呈現出多種樣貌。

在《普通人的傳記》（*Une biographie de l homme ordinaire*, 1985）中，拉呂埃勒將依靠純粹內在的太一而活著的人類稱為「普通人」。這是非哲學的人，即是站在二元對立面前，而且也是站在二元對立解構面前的人。普通人以一種非哲學的（及非解構的）方式生活在「實用性」之中。從結構上來說，這意味著他們並不關注事物的「內面」（看不見之物），只是根據當下的需要，以非常世俗的方式將他們的行為串連起來。拉呂埃勒的觀點，普通人被認為是有限的，而這種有限性並非康德、傅柯，也就是非現代性的有限性，而是現代性有限性背後或眼前的有限性。也就是說，每個行為都在有限的過程中結束，而不是慾望永不滿足地向無限點發展。

動物、普通人，這樣的形象可與海德格的「Das Man」（人），亦即頹廢的人相連結。海德格認為，所謂本性的覺醒，就是對神學式有限性的否定。對於那些缺乏自覺、只專注於勞動或消費的人，則被視為墮落。然而，在所謂的後現代論述中，並不將「Das Man」（人）的墮落視為墮落，而是將其視為一種「平常」的應然狀態加以肯定。換言之，後現代論述所肯定的，正是「世俗性」。

至今，這種實現與實踐仍透過「不可見之物」的理念來進行，亦即在宏大敘事的引導下，使人們朝向某個單一、個別的未來集結。然而，這樣的理念既可以體現為海德格的法西斯主義，也可以成為抵抗運動的核心原則。在後現代批評中，經常聽到這樣的說法：若僅僅過著個別的世俗生活，我們可能會在不知不覺間追隨某種體制。也常有人批評，如果面對不良體制卻依然維持個人的生活方式，便是一種罪過，人們應該覺醒，並集結起來進行明確的反抗。這種評論實際上與海德格所說的墮落批判屬於同一類型。然而，這類批評忽略了一點：對於反抗集結本身而言，無論形式如何，其本質仍是世俗性的。換句話說，那種超越天真而容忍邪惡的指責，其實無法看見更為徹底的天真——這種天真表現在如動物或普通人般生活的內在可能性上。

抵制集結，在異質的常態中生活，並非僅僅意味著採取個人主義的生活方式。這實際上是一種自相矛盾的發展——在這種過程中，個人被徹底追求，而個體的界限不斷被打破，最終引向一種不同形態的「集體」，即抵制個人主義的集結。如果我們仍然執著於後現代思想，那就意味著我們相信存在一條祕密的通道，能夠透過對個體的極致追求，通向集體的共通性。

延伸閱讀

高橋哲哉，《德希達：解構與正義》（講談社學術文庫，二〇一五年）——以《播散》中收錄的〈柏拉圖的藥房〉為題材，從最基本的角度解釋了二元對立以及其解構，首先確立解構的文本解讀方法，接著闡明解構的倫理意義。

芳川泰久、堀千晶，《德勒茲：關鍵詞八十九》（Serika書房，二〇一五年）——關於德勒茲，或者德勒茲與瓜達西（Pierre-Félix Guattari，一譯加塔利），可以先透過本書掌握代表性的概念，之後再進一步閱讀其他的解說書籍。翻閱本書是一種「塊莖」（rhizome）式的閱讀經驗，它展現了各種概念是如何在多方面互相連結的。

慎改康之，《米歇爾・傅柯：為達脫離自身的哲學》（岩波新書，二〇一九年）——簡明扼要地說明了傅柯的思想變遷，其中關於現代有限性非常明確。本書以「現代是什麼時代」為核心問題，從各種面向探討傅柯的生涯。

東浩紀，《存在論的、郵寄的》（新潮社，一九九八年）——本書是德希達的理論，同時也是對整體後結構主義的精闢分析。日本現代思想最具代表性的著作之一。本書及《動物化的後現代》（講談社現代新書）大致確定了日本的後結構、後現代理解方向。

CHAPTER

four

第四章
女性主義思想及圍繞「女性」的政治

清水晶子

フェミニズムの思想と
「女」をめぐる政治

一、性別議題遭厭惡——反性別議題的時代

性別議題遭遇的困難

「性別」（gender）這個詞著實讓人困惑。如今，它已成為日語中常見的詞彙，大多數日本人應該能大致理解其含義。簡言之，「性別」主要指與男性、女性相關的事物。這樣的理解姑且可以接受，但問題在於，性別是否僅僅是一個用來區分男女的詞彙？還是說，它的涵義超越了傳統的性別框架，另有所指？如果單靠「男性」或「女性」就能涵蓋所有意義，那麼，又為何需要特地創造出「性別」這個詞呢？

上述的這些疑問確實合理，而若要解答這些問題，就必須深入思考「女性」、「男性」或「性別」的政治議題，而這本身便是一個極為棘手的問題。雖然如此，即便不深入了解這些細節，只要能掌握個大概，使用「性別」這個詞通常也不會出現太大問題——畢竟，大多數人認為有關男人、女人的話題誰都能理解，無需裝腔作勢地解釋。因此，「性別」便成為了一個大家似乎都會使用卻又不甚理解的難解詞彙。

「性別」這個詞所引發的尷尬與困難，實際上存在於另一個層次的問題之中。舉例來說，回顧一九九〇年代後期至二〇〇〇年代前期的「反撲」（Backlash）現象（通常是指在社會或政治上發生重大變革或進展時，引發的強烈反彈，而此處特指對女性主義及追求女性權利的思想與運動加以批評與

反擊的社會潮流，成為本世紀初期日本的政治與社會趨勢）。二〇〇五年，日本自民黨成立了「急進性教育與性別平等教育實態調查計畫小組」，並於同年七月向第十二次「男女共同參與基本計畫相關專門調查會」提交了一份資料。資料指出，除了過去保守派已批評的「無性別／Gender-Free」之外，對於「性別／gender」一詞本身也提出了質疑，理由包括：「在推行性別觀點和方法時，尚未取得國民共識」、「使用男女平等這個詞就已足夠」，以及「此詞易引發誤解，是基層混亂的根源」等。這些批評意見被一一列舉，認為應停止使用「性別」這個詞，甚至徹底刪除。

如果單從這一點來看，或許可以視為一種天真的提案：「既然只需說男或女就行了，『性別』這個詞既難以理解又容易引起混淆，乾脆停止使用吧。」這樣的解讀或許不是完全不可能。然而，若問題真的僅止於此，政府執政黨的專案小組又何必如此執著於一個詞彙，反覆進行討論呢？究竟是什麼原因，使得「性別」這個詞引發如此強烈的反感呢？

反性別運動

為了理解這一點，我們不妨回顧反撲／Backlash時代，並將視野從日本拓展到國外。實際上，敵視「性別」並非反撲時代日本特有的狀況。特別是自二〇一〇年代以來，有關性別權利的保障或嘗試達成性別平等的行動，在許多國家都發生反彈的情狀。最明顯的是匈牙利的奧班・維克多（Orbán Viktor）政權於二〇一八年頒布的禁止大學進行性別研究之政策。這些被統稱為反性別運動（anti-gender movement）的運動，為各地支持右派民粹主義的人們提供了動力，其中包括基督教保守派、新自由主義經濟體制推動性別主流化政策的人們，有時甚至包括部分擁護女性權利的女性主義者。

反性別運動經常將「性別意識」當作攻擊對象。這個讓人想起二〇〇〇年代日本的反撲／Backlash言論的詞彙，在國外反而是隨著二〇一〇年代反性別運動的興起而更加廣為人知，但卻被批評為沾染了「性別意識」，或是在擴散性別意識的議題，這與日本在反撲／Backlash運動中的攻擊對象明顯重合：如LGBTQ＋（性認同或性取向不基於男女異性戀體系的人）的權利主張、對於性、生殖的健康與權利（Sexual and Reproductive Health and Right）的擁護，以及性教育與性別研究等。這些無論何者都是一種錯誤意識形態——性別意識——的產物和傳播，這種意識形態否認生物學上男女本質的差異，以及性別各自擁有的自然特質，並且認為性別是由社會、文化建構出來的產物。

此處的重點在於，反性別運動迴避與批評的是性別之「意識形態」，而非男女有別。性別／gender被批判為一種讓人無法擺脫本來只需要用「男女之分」來說明的東西，這點毋寧必須加以注意。其實，無論是LGBTQ＋的權利，性、生殖的健康與權利，性教育或是性別研究，它們都認為在定義男性和女性的廣泛框架中，以不同於社會大多數人所共有的感覺和理解方式而存在，是具有可能性的，不僅如此，還一向主張這些可能性都是應被承認的正當權利。如果說，這些主張都是性別意識型態的產物，那麼性別不過是一種要求並促成對「男」「女」進行批判性延伸的觀點。

諷刺的是，原本作為性別指涉的「性別／gender」一詞，自一九七〇年代後期開始，在英語系國家被女性主義及婦女研究廣泛使用。當時，人們對這個詞寄予厚望，而且從其實際發揮的效果來看，顯示出對這個詞彙的理解是正確的。「性別／gender」這一概念是在二十世紀後半期，基於女性主義對「何謂女性」的重新理解，以及對其批評、修正和擴展的政治思想基礎上逐漸發展並延用至今。

二、在人類與女性之間——從生物學決定論中逃逸

生物學決定論與身為人類女性

在這一節中，我想將時間拉回到二〇一〇年代反性別運動的時期，重新探討女性主義一路以來如何思考「女性是誰」這一命題，並確認其演變與挑戰。

以十九世紀後半的女性參政權運動為代表，二十世紀前半期女性運動的重要事件在於，主張女性作為人，應享有與男性同等的權利，並為爭取這些權利而奮鬥。當然，人權的訴求

並非在此時才突然出現。若往前追溯，早在十八世紀法國大革命的影響下，奧蘭普・德古熱（Olympe de Gouges, 1748-1793）便提出人權宣言中所規定的權利應同樣適用於女性。大約在同一時期，瑪麗・沃斯通克拉夫特（Mary Wollstonecraft, 1759-1797）主張女性擁有與男性相同的理性能力；到了十九世紀，約翰・史都華・彌爾進一步主張女性應享有參政權。因此，儘管「女性與男性皆為平等的人」這一主張並不新穎，但「女性作為人，某種程度上比男性更弱小、更低等，因而需要男性的保護與管理」這種觀念卻根深柢固。而在這個披著科學外衣的種族主義盛行、優生學抬頭的時代，「科學」——尤其是生物學——被用來作為白人優越性的依據，更成為證明女性劣於男性、性別差異合理化的論據。

女性作為生物體與男性不同，儘管女性擅長生育後代，但在理性判斷和自我保護方面，卻難以想像能具備與男性相同的能力——這是盧梭（Jean-Jacques Rousseau, 1712-1778）等十八世紀啟蒙思想家所提出的觀點。而這種生物決定論進一步支持了「分工領域」的論述，認為女性應在男性的保護下專注於生育子女，將女性限制在家庭等私人領域，剝奪了她們作為公民參與公共事務的權利。

西格蒙德・佛洛伊德於一九二四年發表的論文中提出「解剖學是宿命的」的爭議論述，隱晦地指出形態學上的差異會影響心理發展，因此女性主義者對兩性平權的訴求可能存在先天上的限制。然而，這反過來也意味著，當女性希望取回與男性平等的權利時，必須首先主張女性在本質上與男性無異，雙方皆為人，並不因生物上的性別差異而決定「女性是誰」。換言之，解剖學並不是一種不可改變的宿命。

何謂「成為女性」

「女人並非生而為女人，而是成為女人。」這是西蒙・波娃（Simone de Beauvoir, 1908-1986）在一九四九年出版的《第二性》中的一句經典話語，即便在半個世紀後的今日，對女性主義者而言依然具有深遠的重要性與吸引力。這句話之所以如此有力，是因為它簡潔明確地回應了長久以來阻礙男女平等的生物學決定論詛咒——「解剖學是宿命的」。此外，波娃認為，孩子並非在出生瞬間就自發認知到自己的性別，而是透過他人的影響，才逐漸意識到自己是女性或男性。這意味著，並非因為擁有某種特定的身體，就自然成為我們社會所理解的「女性」。解剖學並非宿命，真正塑造女性的，是身邊的他人與社會環境。儘管波娃未使用「性別／gender」這個詞，但她已然揭示了解剖學上的生理差異（sex）與賦予身體的文化與社會意義（gender）之間的區別。

然而，若女人並非生而為女人，因此解剖學並非宿命，那麼是否意味著成為「女性」的人與成為「男性」的人本質上是相同的呢？反過來說，難道一旦成為女性之後，就從「人」轉變為「女人」了嗎？如果真是如此，那是否最終意味著，即便在意義上與佛洛伊德的觀點有所不同，女性要求與男性平等的權利依然是受限的呢？這是否也暗示著，女性在追求平權的道路上，仍然無法完全擺脫生理性別所帶來的桎梏？

實際上，西蒙・波娃在《第二性》中反覆強調，成為「女性」的人並不被視為「人」。她在探討「女性是什麼」的過程中指出，預設中的「人」往往是男人，而「女人」則是從中被劃分出來的特例。換言之，所謂的「女性」並非「人」，而是被設置為「人」的他者。因此，僅僅否定「解剖學是宿命的」，並堅持主張女性也是人，顯然是不夠的。要麼，我們必須決定拒絕成為「女性」；要不我們必須從根本上改變「女人」與「人」的存在方式。如果女性希望達到與「人」（即男性）的平等，我們必須從中選擇一條路。而無論選擇哪條路，女性都必須超越我們社會所認知的「女性」形象。

反映男人的鏡子

在我們這個將「人」與「男人」畫上等號的社會中，除了作為男人的他者而被設定的「女人」之外，根本不存在其他的「女人」——法國哲學家伊瑞葛萊（Luce Irigaray, 1930-）的這一譴責，可說比波娃的思想更進一步。

曾師從精神分析大師雅各・拉岡的哲學家伊瑞葛萊，在一九七〇年代的著作中提出，個體透過鏡像來認識自身，然而西方文化傳統僅提供了一面適合男性身體的平面鏡，在這面鏡中，女性的身體根本無法得到反映。這面以男性身體為基準製作的鏡子，無法映照出女性身體作為其自身的樣貌。在這樣的社會中，女性既不被視為女性，也無法被理解為女性，而是僅被看作缺失某些部位——具體來說，就是男性性器——的「不完整的男性」。女人，僅僅是作為有所欠缺的男人而存在。伊瑞葛萊指出，這樣的女性只是男人的一面鏡子，反映出男人期望的形象。在這個將「人」與「男人」劃上等號的社會中，女性這一性別未被賦予其應有的存在位置。這裡實際上只存在一種性別，那便是男性。

與波娃相似，此處批判的是一個只圍繞男性而運作的社會——女性僅作為他者或男性的鏡像——在這樣的社會裡，女性的存在不被承認，性別差異也因此被抹殺。因此，單純主張「女性與男性同為人」無法解決問題。即便女性被視為與男性同樣為人，享有同等權利，性別差異最終仍會被消弭，僅剩下唯一的性別——男人——得以存續。我們所需要的，既不是作為男性他者或鏡像的女性，也不是與男性同為人的女性，而是必須奪回在男性主導的社會中被忽視的女性與生俱來的差異。伊瑞葛萊強調，必須超越那面鏡子，去尋找社會所壓抑、所無視的女性存在——這種存在不應是專為迎合男性需求而存在的，而是屬於女性自身的、截然不同的性別。

三、對女性多樣性的再想像——從本質主義邁向「性別化的性差」

女性的差異之處

在一九七〇年代至一九八〇年代英語世界的第二波女性主義運動中，這種追求真正女性差異（既非透過與男性的關係來定義，也非僅僅追求與男性相同）的理念逐漸獲得認同，並展現出多樣的形態。例如，女性主義者即便冒著再度陷入「解剖學是宿命的」之風險，依然將女性特質與母性聯結，並在妊娠、分娩、月經週期等生理基礎上為女性特質賦予新的積極價值。或者，他們致力於探索不受男性社會影響、僅由女性構成的替代社群的可能性。與此同時，這也是激進女性主義的共同趨勢，他們認為社會壓迫的根源在於父權制度。

然而，這種試圖追求女性的獨特差異，或以此為立足點，致力於社會與文化的積極重組的行動，卻為女性主義思想與理論招致了大量批評。一九八〇年代的本質主義（essentialism）論爭便是這方面的典型例子。

在女性主義中，所謂的本質主義，指的是認為女性作為女性，必然擁有某種不可或缺的本質，只要是女性就必然具備這種特質——若不具備這樣的本質，就無法被稱為女性。前一小節所提到的生物學決定論，便可視為生物學本質主義的一種形式，而反對此類論述，並主張女性權利及兩性平等的觀點，在意義上則具有反本質主義的特徵。然而，當部分女性主義者試圖重新評價妊娠、分娩等作為女性的自然特徵時，卻有時遭到其他女性主義者批評為本質主義。事實上，本質主義並不限於生物學上的本質主義，而可能涵蓋更廣泛的社會與文化層面。

即便「女性是什麼」這個命題並非由生物學所決定，而是由社會建構而成，但若我們從中尋找出女性作為女性所不可或缺的要素，即女性的本質——無論是父權體制下的壓迫，還是在將人等同於男人的社會中被他者化的經驗——若女性必須具備這些特質，否則便不被視為女性，那麼這種觀點便可稱為本質主義。然而，這樣的本質主義並不必然與女性主義相容——要批判針對女性的歧視與壓迫，或為女性權利辯護，似乎需要假設女性是一個群體，而要做到這一點，就必須提出該群體所有成員必然具備的特質。

然而，從另一個角度來看，本質主義的主張其實是一種普遍主義（universalism），即認為所有女性無論身處何種時代或環境，始終擁有某種共同的本質。然而，也正是這個時代的女性主義者對此提出了嚴厲批評，質疑這種普遍化和本質化的女性差異論述。

女性之間的差異

探討女性差異的問題，最初是由那些提倡關注女性之間差異的人提出的。試圖為所有女性找到一個共同的社會地位或經驗，這一假設相當缺乏說服力，尤其從弱勢女性的角度來看更是如此。不僅如此，歷史、文化或社會上相對享有優勢的女性——如白人、中產階級、異性戀者——其地位與經驗也無法作為所有女性的共同本質。

例如，一九七七年在美國出版的《康比河聯盟宣言》（*Combahee River Collective Statement*），與伊瑞葛萊早期的代表作於法國出版的時間差不多，此事相當值得關注。這份代表了七〇年代黑人女性主義的文獻，明確主張「有別於白人女性政治的反人種主義政治，以及有別於黑人、白人男性政治的反性別差異政治」，拒絕以女性——與男性——相異的同一性為前提，而是強調跨越男／女區分的其他要素，亦即人種主義的政治重要性。被稱為黑人女性主義的思想與運動的特徵並不僅僅在於其倡導者是黑人女性。黑人女性主義的特點在於其觀點不容許輕易地將女性的相異之處混為一談，而是關注女性之間相異之處——如奧德雷・洛德（Audre Lorde, 1934-1992）於一九八四年在散文集〈主人的工具永遠不會用於拆毀主人的房子〉（The Master's Tools Will Never Dismantle the Master's House）中所主張的一般，白人女性主義者們應正視女性之間的差異，並從中汲取力量。

當然，這並非僅限於美國的黑人女性的問題。在洛德提出主張的同一年，莫汗悌（Chandra Talpade Mohanty, 1955-）在其後殖民女性主義的代表性論文〈在西方眼中〉（Under Western Eyes）一文中，以大寫的「Woman」區別在文化上被建構為他者的女性，以小寫的「woman」指涉具備具體歷史與物質條件的現實中女性，並且批評了西方女性主義無視「第三世界」女性們之間的歷史、文化差異，僅把她們描寫成均質的被壓迫者、犧牲者，而這是一種欺瞞的行為。史碧華克

（Gayatri Chakravorty Spivak, 1924-）曾提出，當西方女性主義與殖民地知識分子等透過殖民地女性的相關議論確立自己的政治地位的同時，被邊緣化、居於從屬地位的女性們卻被迫在沒沒無聞中保持沉默。她尖銳地警告，以女性的均一性和普遍性差異為基礎形塑出來的政治是危險的，因為這種政治抹消了現實中女性們之間的差異，從而導致女性主義成為較受優遇的部分女性的專屬物。

正如「康比河聯盟」是一個黑人、女同志、女性主義團體，奧德雷·洛德也是一名女同志般，主張女性之間的差異也成為一股重要潮流，此潮流與所謂的性少數群體（如女同志、雙性戀、跨性別者等）的文化、政治思想密切相關。

重新想像「女性們」的可能性

自稱「激進女同志」的莫尼克·維蒂格（Monique Wittig, 1935-2003），顛覆了那種將女同志貶為「渴望女性的女性」的恐同論述，反過來宣稱「女同志不是女性」。她認為，若「女性」是男性根據與男性的關係所形塑的，那麼不涉入異性戀關係的女同志，便可被視為拒絕「成為女性」的存在。然而，這一觀點與西蒙·波娃「人成為女人」的傳統理解大相逕庭——波娃強調了解剖學上的性別差異（sex）與賦予身體的文化與社會意義（gender）之間的區別，主張後者並非由前者自然導出。因此，維蒂格的立場進一步挑戰了波娃的論述，開啟了對性別和性取向的更激進解讀。

史碧華克之所以備受矚目，是因為她否定了男性與女性之間因「自然」或生物學而存在差異的觀點。根據她的說法，性別差異（sex）的概念僅僅是異性戀社會的產物，如果將其視為理所當然，便是將對女性的壓迫視為自然或必然，這無異於一種阻礙變革的思維。不可否認，史碧華克主張必須消除性別差異的論點，因此傾向於一種普遍主義，而非強調不同女性之間的差異。然而，她將解剖學上的性別差異（sex）視為一個政治上被創造出來的分類，這為重新思考女性之間的差異開闢了一個重要的方向。

對本質主義的批評與強調女性之間差異的論述，確實為那些在歷史和社會上處於相對優勢的特定女性群體的利益提供了辯護，並避免將這些女性的生活方式強加於其他女性身上。在某種意義上，這擴大了對「女人是誰」這一命題的解答範圍。然而，問題在於，在這種論述中，彼此存在差異的「女性們」究竟是誰？無論女性的文化或社會建構多麼豐富多彩，其根基畢竟是建構於生物學的雌性身體之上。從這個角度來看，女性的差異確實存在，這種差異無論如何先於文化和社會秩序，但最終仍是基於生物學、解剖學或遺傳因子的「自然」。

繼承維蒂格「自然、生物學上的性別差異並不存在」的主張，朱迪斯・巴特勒（Judith Butler, 1956-）更進一步指出，賦予身體的文化意義（即社會性別／gender）與所謂先於社會與文化的「自然」性別差異（即生物性別／sex）之間的二元區分，實際上是無法成立的。巴特勒以促進「女性之間」更豐富多樣的差異為出發點，來回應這一問題。與維蒂格相似，巴特勒同樣否定了「社會性別」與「生物性別」的區分。即便這種區分在女性擺脫解剖學宿命的觀點中似乎有效，但她主張，所謂「自然」的性別差異本身其實是歷史、文化與政治建構的結果——換言之，「生物性別始終就是社會性別」。

然而，對維蒂格而言，「社會性別的生物性別」是在異性戀主義之下被建構出來以壓迫女性的，因此必須徹底消除；而對巴特勒來說，所謂的社會性別的生物性別並不存在「自然」的性別差異本質，因此可以被重新想像為多種不同的樣態。如果說，對多元女性間差異的承認，使「女性是誰」這個問題的答案超越了相對優勢女性的範疇，那麼，透過對性別（gender）的思考，便無法全面且明確地解答「相互之間有差異的女性究竟是誰」這個問題。因此，巴特勒試圖讓女性們對更新的差異，或對一個不可預見的未來，保持開放的態度。

性別最終並非由本質（無論是「自然的」生物學還是社會建構）所規範，而是一種想像——一種關於女性之間可能存在差異的想像。性別作為一個概念，不僅允許我們不斷重新構想女性之間的多樣性，甚至要求我們持續探索其中潛在的差異與可能性。

四、結語——重新來到反性別時代

如此一路思考過來，我們就會明白為什麼本世紀的反性別運動會對「性別／gender」這個詞彙特別反感，為何可說對「性別／gender」運作有了更相對準確的理解。這或許也解釋了為何朱迪斯．巴特勒會被賦予「萬惡之源」的地位。

儘管巴特勒最終拒絕定義「女性是誰」，她也並未消除「女性」這一分類或性別差異本身。她並不事先將各種女性的存在方式（無論是已知的還是尚待定義的）排除在「女性」之外，同時也不放棄抵抗針對「女性」的歧視與壓迫，這種立場使女性主義政治具備可行性。因此，關於女性應具備何種本質的討論，其實並不重要。即便她們不擅長生育子女，即便她們不以男人所期待的方式扮演反映男人的鏡子，即便她們不是白人或中產階級，即便她們不渴望男人或女人，甚至即便她們不具備解剖學或生物學所劃分的雌性身體，都不意味著她們不是「女性」，也不能因此認定她們不屬於「女性」。

那些只允許某些有限定義的「女性」存在，並壓迫、懲罰那些不符合該定義的女性，以此理所當然地對女性進行分割和控制的人，自然會對這種鼓勵女性以他們從未想像過的方式擴展與團結的「性別意識」抱持強烈的反感。然而，或許正是這一點，彰顯了女性主義在不斷批判性地推動「女性是誰」這一命題上的有效性。正如三十多年前奧德雷．洛德所言，女性主義者應在政治上接納女性間的差異，並將這些差異轉化為推動變革的力量。

延伸閱讀

竹村和子，《女性主義（思考的前線）》（岩波書店，二〇〇〇年）——一九九〇年代至二〇一一年作者竹村過世為止，本書乃推動日本女性主義理論的入門書籍。該書清楚地說明了女性主義所關注的問題，同時也簡潔說明了茱迪．巴特勒等較為難懂的議論，不僅可供初學者參考，也可以作為女性主義理論的參考書籍。

貝爾．胡克斯（bell hooks），堀田碧譯，《女性主義是屬於大家的：熱情的政治學》（新水社，二〇〇三年）——本章中未提及的黑人女性主義者、思想家貝爾．胡克斯之著作，是頗負盛名的女性主義入門書籍。雖然不是一本關於思想史的解說，但它是一本告訴我們女性主義思想之基礎，以及背後有何政治意涵的好書。

岡真理，《她的「真正的」名字是什麼：第三世界女性主義思想》（青土社，二〇〇〇年）——以日文書寫的關於第三世界女性主義／後殖民女性主義的經典著作。該書沒有概述前述觀點，而是仔細地探討了作者作為非「第三世界女性」如何面對第三世界女性一事。

專欄一　世界宗教會議　冲永宜司

一八九三年，第一次世界宗教大會於芝加哥市舉辦，來自東西方的宗教人士齊聚一堂。當時的芝加哥市為了紀念哥倫布發現新大陸四百週年，舉辦了一個以技術展為主的世界哥倫比亞博覽會，而世界宗教會議也是當年二十多場的國際會議之一。這場會議上明確表達了包含東亞諸多宗教在內的多元宗教的主張，等於是向世界大規模地展示了思想多樣性。基督信仰的新教，伊斯蘭教、耆那教、南傳佛教、美國國內的新宗教運動等大約二百餘名代表人士皆發表了演講，其中印度教的斯瓦米・維韋卡南達（Swami Vivekananda，又譯「辯喜」）、日本臨濟宗的釋宗演的演說尤其備受關注並留下了深遠的影響。

其中釋宗演的一篇演講「作為佛陀教誨的因果法則」引起了在科學理性及宗教信念之間徘徊的美國新教徒之共鳴。這場演講特別以佛教因果法則為核心，並將其定位為「神聖的佛陀並非此（因果）自然法則的創造者，而是此法則的第一位發現者」，這讓與創造論不相容的現代科學思想更有親和力。其實，基督教創造論與進化輪相互矛盾的問題已經被存在於因果法則中的釋迦尊者所解決。此外，演說中也強調「道德性權威的基礎就在於因果法則」，強調道德的正確性也遵從著因果，堅持理性與宗教信仰的一致性。佛教的核心教義並非只有這些，但釋宗演特意選擇這樣的主題，也可以看出他有效引導美國的宗教領袖之企圖。

美國的佛教學者保羅・卡魯斯（Paul Carus）對釋宗演的演講給與高度評價。並在達爾文的影響之下，追求一種不與科學矛盾的宗教。在釋宗演回國後，卡魯斯便委請釋宗演派遣一位精通英語的佛教人士赴美，當時接下這個任務的，就是幫釋宗演翻譯赴美英文演講稿的鈴木大拙。鈴木大拙在卡魯斯的領導下協助了翻譯等工作，同時為禪學在美國的傳播奠定了基礎。

確實，在這次會議上，美方顯然意圖以基督教的世界觀來涵蓋非西方宗教。然而，此次會議為東亞各宗教、美國的伊斯蘭運動，以及各派新興宗教團體提供了一個發表演講的機會，最終凸顯了這些宗教運動的存在意義，也為日本佛教在美國的推廣創造了契機。而舉辦這種全球規模的宗教對話，可以說反映出美國已以一種新穎的方式，接受了包括神祕主義在內的東亞各種精神文化。

一九九三年在芝加哥、一九九九年在開普敦、二〇〇四年在巴塞隆納、二〇〇九年在墨爾本、二〇一五年在鹽湖城、二〇一八年在倫敦，世界宗教會議仍陸陸續續就每個時期最緊迫的國際問題為主題持續舉辦。

CHAPTER

five

第五章

哲學與批判

安藤禮二

哲学と批評

一、重新定義批判

批判與哲學

近代意義上的「批判」（Critique）——並延續至今——究竟應該將其開端定位於何時何地呢？當人們意識到語言已經無法精確摹寫外界，不得不從語言本身來思考語言時，便可視為「批判」的開始，如此定位或許是最合適的。

這種「我」究竟現在是以何種語言表達什麼內容？這正是我們試圖探究的機能與結構。而「批評」的雛形，可以在最注重語言表達的詩人作品中找到。例如，以波特萊爾（Charles Baudelaire, 1821-1867）為起點的法國象徵主義思潮，波特萊爾撰寫美術評論、文學評論、音樂評論，並在這些評論的基礎上，構築出他獨創的詩歌世界。

在波特萊爾的時代（十九世紀中葉），隨著對人類眼睛結構的解剖與分析，攝影這一新媒體應運而生。當攝影能夠準確捕捉外部世界時，新繪畫便與外界的直接關聯被切斷，新繪畫必須從內在的運作中探求與外界相通的元素。於是，聲音、色彩、形狀，甚至包括味覺、嗅覺、觸覺在內的各種感官融為一體。相應地，一種嶄新的批評語彙和詩歌語彙也必須誕生，以表現出這種將各種感官融合一體的內在世界。

因此，波特萊爾從特立獨行的思想家們那裡借鑒了兩種截然不同的理念。其一是伊曼紐・

史威登堡（Emanuel Swedenborg, 1688-1772）的內在與外在世界的對應聯繫（correspondence）的理論；其二是夏爾・傅立葉（Charles Fourier, 1772-1837）之從極小到極大的類推（Analogy）理論。波特萊爾將這些概念綜合為自身的詩歌理論，並整理出一套批評理論。波特萊爾也在理查・華格納（Richard Wagner）的歌劇舞台上預見到解放各種感官的綜合藝術的可能性。繼承波特萊爾詩學的亞度・韓波（Arthur Rimbaud, 1854-1891）在理性的錯亂之中找到作為「他者」的「我」，並以這種「我」統整出「見者」的詩法。而斯特凡・馬拉美（Stéphane Mallarmé, 1842-1898）則彙整出「無」的詩法，將書寫視為一個宇宙，而唯有人類之「我」消失了，這個宇宙才成為可能。

正是作為「象徵」的語言將外部世界與內心世界對應起來，使它們從微觀到宏觀都彼此相似。波特萊爾、韓波、馬拉美傳承的「象徵」詩學，之後由亨利・柏格森的「記憶」哲學，以及尚—保羅・沙特的「想像力」哲學所繼承。柏格森的哲學與馬賽爾・普魯斯特（Marcel Proust）的小說彼此間呈現一種孿生兄弟的關係，而沙特更是自行撰寫小說。從超現實主義到存在主義、結構主義、後結構主義，批判的語彙與文學的語彙，乃至於哲學的語彙彼此交融共振，互為交響。

波特萊爾與馬拉美二人，各自將華格納的舞台世界視為詩詞世界的最大對手。尼采嘗試為華格納舞台賦予了哲學基礎；而海德格的文本打破了尼采的分類，並透過解讀與尼采同樣將「古典希臘」作為主題的腓特烈・賀德林（Friedrich Hölderlin）之文本，提出了「存在」哲學。此二者同時也在批判（解釋學）的語彙、文學的語彙，以及哲學的語彙相互共鳴、交響。他們也都是翻譯家。無論波特萊爾或馬拉美，都從翻譯愛倫・坡（Edgar Allan Poe）的散文與詩展開自身的創作。

超越時空的翻譯、詮釋以及創作。現代批判產生於此，現代哲學也產生於此。小林秀雄（一九〇二—一九八三）以自身獨特的文風完成了現代日本的批判，他從翻譯亞度・韓波的詩開始，留下了未完成的柏格森論，並在這樣的廢墟上小林秀雄提出了最後也是最偉大的——本居宣長論，這並非偶然。那麼，為何是本居宣長呢？

神聖的話語及神聖的經典

在此，我希望透過重新定義「批判」來展開論述。什麼是批判？所謂的批判，其實就是解釋學。這或許是最恰當的解答，既不過度也不不足。那麼，什麼是解釋學？這個問題難以用三言兩語回答，但我們可以先聚焦於其最大的共同點——解釋，即解讀以神聖話語書寫的「聖典」（言語結構）。

任何人類的群體都擁有自身的聖典。大多都以文字記錄，這些紀錄文字帶有肢體行為、手勢與言語（聲音）的痕跡。聖典的語彙最常以歌謠、舞蹈的形式記憶，並隨著時間推演它們被整理成文字的形式（當然也有未被文字整理的狀況），編纂成為聖典。在這個過程中，識字者與不識字者之間一定存在著激烈爭鬥，而所謂的真實，卻永遠不可得知，只能透過聖典加以推測。從這層意義來看，聖典就是統治者的歷史與神話。

那麼，聖典是什麼？其中究竟記載著些什麼？記錄的是這個宇宙，或是這個「我」（人類），也就是宇宙萬物「初始」（起源）。而解讀這些書籍又意味著什麼？可以重新體驗「初始」，創造性地重複「初始」，於新的地平線上、新的時空（時間與空間的交錯點）中重新創造「初始」、使其再生。如果要對批判的行為——大致等同於文字行為——下一個定義，這就是它的所有。

閱讀「初始」、重新詮釋「初始」，進而書寫「初始」、重寫「初始」。所謂的批判是解釋學，而解釋學又是一種創作。所謂的創作，如字面意義般，是在創造世界，更正確而言，是在重新創造世界，除此之外別無他義。

讓我們試著思考一下那些遷徙到遠東列島的人們。他們或許分好幾波，從亞洲各地湧入。而其中成為統治階層的人，也試圖留下記錄「初始」的文本，並將其傳承給後世。然而，當時用以撰寫遠東列島「初始」的文字，並非起源於該列島，而是借用了來自亞洲大陸帝國的文字。這些帝國文字（漢字）同時具備視覺形象與聽覺意象，而列島上的人們則從中追求並創造出屬於自己的固有文字（假名）。「日本」的歷史，便由此展開。

本居宣長的登場

遠東列島之聖典出現的時間，早於創造出該列島獨有文字之前。透過對這些聖典的解讀，逐漸催生出新的文字與全新的書寫方式。到了近世，當列島所獨有的新文字與書寫方式逐漸在統治階層與一般庶民之間普及時，便引發了一場極其重大的解釋學革命。然而，這場革命並非一夕之間發生，而是歷經了中世紀的漫長準備，反覆積累而成的成果。

與《日本書紀》相比，《古事記》記錄了列島的真實歷史與神話，其中出現了列島獨有的新文字和書寫系統。在此之前，《日本書紀》一直被視為「正史」。從某種意義上說，比起記載列島的歷史，《日本書紀》更側重於半島和大陸的歷史。相反地，人們選擇以更純粹的形式記錄「皇國」歷史的《古事記》。在解釋的過程中，一個虛構的「日本」逐漸被生產出來，並最終實體化，成為牢固的意識形態基礎。

這樣的過程為列島奠定了近代與現代（近代民族國家）的基礎，同時也導致居住於列島的人們在現代的關鍵時刻（如世界大戰）瀕臨毀滅。對列島現代性的批判，始於本居宣長，他推動了近世解釋革命的進程。現代日本最重要的評論家之一——小林秀雄，他的最後也是最偉大的著作《本居宣長》絕非偶然。探究近、現代日本的批判，必然會回溯到「初始」的神聖語言與「初始」的聖典，這背後有著同樣深刻的理由。

在遠東列島上，保存著《日本書紀》與《古事記》這兩部內容、形式甚至份量上都充滿對照性的聖典。對《古事記》的重新解讀始於中世紀。雖然這兩部典籍存在對比，但它們描繪的權力來源以及表達（包括肢體與詩歌、手勢與語言）的「初始」卻是相通的。兩者皆以超越人類極限的「神靈附體」（日語稱為「憑依」）之後所下達的「神諭」，作為王權合法性的起源。所謂的國王，正是能夠將「神諭」與「神靈」作為力量泉源並掌握其運用技術的人。在這一點上，國王的行為與命中注定漂泊江湖的賣藝人並無二致。

國王與賣藝人透過「附體」的行為而彼此相連。在遠東列島上，無論是宗教、哲學，還是包含文學在內的各種藝術，全都源於這種附身現象。這片由無數島嶼連結而成的遠東列島——「日本」，對大陸的南北兩端敞開著大門。若僅根據列島上最古老的聖典來判斷，所謂的「日本」，其實是涵蓋廣袤歐亞大陸薩滿文化圈的一部分——這個文化圈源自人類早期的採集狩獵社會，擁有其獨特的宗教與政治制度，而「日本」則是這個文化圈的殘餘，同時也是其不斷演變與完善的最終結果。當然，這樣的說法無法在學術領域中得到證實，它只不過是一群富有詩意的解釋者們，跨越時間與空間的界限，透過自由的想像將其描繪出來罷了。

然而，我本人也是相信這些想像力的評論家。

從折口信夫到井筒俊彥

本居宣長從理論上解讀文本，而他的異端弟子平田篤胤則從實踐層面詮釋了這些文本。所謂的實踐，是指廣義上的「附體」，即透過活生生的「附體」現象揭示來自無形冥界的訊息。以此為核心，平田篤胤將「附體」視為遠東列島歷史的「初始」，也是其表現形式的「初始」。人與神、有形的現世（活人的世界）與無形的幽冥（死者的世界），以及整個宇宙萬物，彼此緊密相連。而能夠清晰揭示這一事實的，正是將兩個世界連結起來的「附體」。透過「神靈附體」的現象，主觀與客觀、有限與無限、內在與外在、日常的世俗世界與非日常的神聖世界得以合而為一。在這個意義上，權力的「發生」可以被重新理解為一種表現的「發生」。

這正是折口信夫（一八八七—一九五三）在現代語境中統合本居宣長與平田篤胤研究的成果。折口的成就被稱為「古代學」（源於其代表作《古代研究》），結合了對民俗學與日本國文學的深入探究，並將客觀研究與主觀創作巧妙融合。然而，折口所追求的「古代」，並非固定於某個歷史時刻，而是在反覆解析的過程中不斷產生出新的「初始」——換言之，這種「古代」不受時間和空間的約束。

折口信夫試圖以「發生」這個詞來表達這種不斷反覆的「初始」過程。若是如此，那麼，身為研究者的折口信夫與作為表現者的釋迢空（無需多言，此乃折口的筆名）所實踐的，正是最具創造性的「批判」。因此，在小林秀雄的《本居宣長》開篇中，突然出現折口信夫的身影，應該並非巧合。這正是兩位思想家在解釋學與表現的領域中不斷尋求突破的交會點。

聖典的解釋學系譜起於本居宣長，經由平田篤胤，再到折口信夫，然而並未在折口手中終結。這條由近世延續到近代的遠東解釋學，已向當代與全球敞開大門。在面對折口信夫那種以「附體」為核心的「批判」時，以最具創造性的方式加以承繼的，無疑是井筒俊彥（一九一四—一九九三）。他是一位將列島獨特的解釋學提煉為具有全球普遍性的思想家。井筒曾參加過折口在慶應義塾大學的講座，他們之間的確存在個人性聯繫。然而，更重要的是，他們共同沉迷於「附體」現象，親身體驗並透過此現象，探索宗教、哲學的「發生」以及表現的「發生」。在這一點上，他們作為聖典解釋者的態度，確實展現了深刻的共鳴與連結。

折口與井筒皆藉由「附體」的體驗消弭了自我與他者的區別，將宇宙萬物融為一體，開創出新的思想視野。基於此，他們將「初始」這一詞視為一種超越現實、超現實與內在的綜合體。這個「初始」如同生命的種子，是意義的種子，其產物既屬於精神領域，也屬於物質世界，彷彿一半精神、一半物質的「意義」在其中萌芽。對於折口而言，作為萬物泉源的靈魂正是這樣的存在。或者可以說，無論對折口還是井筒而言，世界的根源，亦即作為世界起源的原初之神，正是如此——折口將《古事記》開篇中經由宣長與篤胤所提煉的生成靈魂與萬物孕育的「產靈」[1]之神，視為其所構想的新神道的基礎。

二、意義的結構

井筒俊彥的起源

井筒俊彥可被視為近代日本視野最宏大的批評家與聖典解釋者，這一評價無疑是充分且正當的。他創造性地承繼了折口信夫的研究成果，並以畢生精力構築了獨特的解釋學與批評體系。對於以日語為母語者而言，這一體系在「哲學與批評」的主題中無疑具有極為深遠的貢獻。

然而，要論證上述觀點，必須對古蘭經與阿拉伯語有深入的理解，因為井筒將其作為解釋學的主要對象。此外，還需要批判性地審視井筒所參照的阿拉伯語原始資料，並從伊斯蘭視角深入探討其研究成果。遺憾的是，目前筆者尚無法完成這樣的工作，確實力有未逮。然而，井筒俊彥同時撰寫了日語與英語的著作，而筆者曾擔任其英文著作《言語與咒術》日語版的監譯，這既是井筒英文著作的「初始」，也可視為其解釋學的「初始」。基於此經驗，我希望

1 譯註：「產靈」（むすひ（musubi））是日本古代神道中的核心概念，意指宇宙萬物的生成和繁衍力量。「むす」（musu）代表創造與結合，「ひ」（bi）象徵神靈或生命力。其代表神祇如高皇產靈神和神皇產靈神，負責高天原與大地的創生，象徵著持續不斷的生命力與宇宙的生成。

在下文中介紹我所理解的井筒的批判與解釋學核心概念，這也是身為評論家的我必須承擔的責任。

井筒俊彥將其一九四九年的著作《神祕哲學》稱為他「無垢的原點」。在這部重要的著作中，井筒將戴奧尼索斯的「附體」置於普羅提諾透過亞里斯多德回歸柏拉圖並完成希臘光之哲學的「初始」之上。他認為，「附體」乃是哲學的起源，哲學正是從「附體」開始的。從戴奧尼索斯的「附體」展開的希臘光之哲學，與始於真主「聖諭」的阿拉伯啟示宗教（即伊斯蘭教）在井筒的觀點中實現了合一。

由此，對於「聖典」古蘭經的閱讀，便開啟了一種全新的解釋學的可能性。這種解釋學既不同於普羅提諾所提出的從神（「太一」）階段「流出」萬物的光之哲學，也非主張由超越的神從無「創造」出萬物的純粹一神教或正統派伊斯蘭，而是兩者的綜合體——蘇非主義（Sufism）。蘇非主義認為萬物是從無的神內在性地「產出」。伊朗的哲學性宗教，亦即宗教性哲學，最終以「存在一性論」（Wa da al-wujūd，生命的統一）為歸宿，這正是井筒俊彥所構建的解釋學體系。

最具創造性的解釋學（批判），便是將哲學與宗教統合為一。井筒俊彥——如同折口信夫——主張當語言產生意義時，人類的意識亦隨之發生變化，並且更進一步將宇宙萬物的生成視為一個互為疊合的「場域」（field）。然而，在打破傳統並以日語整理出《神祕哲學》之後，井筒改以英語統整出一套獨創的哲學體系，將意義的生成、意識的生成與生命的發生合而為一。時至今日，井筒以英語寫成的代表作幾乎已被翻譯成日語。繼折口信夫的「批判」之後，現如今我們也能以日語閱讀井筒俊彥「批判」的全貌。這其中隱含著井筒俊彥既是哲學思維者，也是詩歌表現者，他的思想核心呈現出整體渾然一氣的特質。

井筒俊彥的解釋學

井筒俊彥的解釋學全貌可以從他的英文著作中釐清。根據他的英文著作刊行年份來整理，結果如下所列。以下羅列的書名及書籍資料（若附上日語翻譯的刊行年份，會顯得過於繁瑣，因此此處略去）均基於二〇一七年至一九年慶應義塾大學出版的井筒俊彥英文著作選集（引用及參照部分省略，僅以該選集的譯文為準）。

此外，井筒以英語撰寫的著作中，僅《意義的結構》（新泉社，一九七二年）被破例譯出，但在收錄到井筒生前（一九九二年）開始刊行的中央公論設著作集時，該出版社已從井筒手中取得序章至第四章。因此，本文在追尋井筒建立解釋學的過程，將不採用著作選集版本，而參考新泉社版本。

一九五六年　《言語與咒術》（安藤禮二監譯，小野純一翻譯）

一九五九年　《意義的結構》（牧野信也翻譯，但整體日語翻譯乃使用一九六四年重刊內容，採統合後的形式發行）

一九六四年　《古蘭經中的神與人：古蘭經世界觀的語義學》（鎌田繁監譯，仁子壽晴翻譯）

一九六五年　《伊斯蘭神學中的信仰結構：伊尼瑪（Iman）與伊斯蘭的語義學式分析》（鎌田繁監譯，仁子壽晴、橋爪烈翻譯）

一九六六至一九六七年　《蘇非主義與老莊思想：比較哲學是論》上、下（仁子壽晴翻譯）

上列並非井筒俊彥所有的英文著作。然而，從《言語與咒術》開始，直到出版時分為兩冊的《蘇非主義與老莊思想》第一部《伊本．阿拉比》，井筒的語義學體系和解釋學體系已經基本完成（該書的日文譯本為上卷）。《蘇非主義與老莊思想》接下來的第二部《老子與莊子》及第三部《結論：比較考量》（日文譯本為下卷），其中第三部內容簡潔明了，而第二部則從第一部的基礎上提取了伊朗的伊斯蘭思想，並基於「存在一性論」重新建構了老莊的思想體系。換句話說，伊朗的「存在一性論」被視為井筒「東洋思想」的原型（儘管該哲學的創始者：伊本．阿拉比，出身於西班牙的安達魯西亞）。

在井筒完成《蘇非主義與老莊思想》的同一年，他還參加了愛諾斯（Eranos）東西方文化圓桌會議，並從「哲學語義學」的角度討論了「東洋思想」。從一九六七年到一九八二年，井筒積極參與愛諾斯會議，期間他以英語就道教、佛教、儒學等主題發表了十二次演講，並致力於從整體上提煉「東洋思想」的基本結構。這些演講稿已被收錄在英譯文集《東洋哲學的結構愛諾斯會議演講集》中（由澤井義次監譯，金子奈央、古勝隆一、西村玲翻譯），並以該名發行。

換言之，基於井筒的「哲學語義學」，其所謂的「東洋思想」以《蘇非主義與老莊思想》第一部所確立的「存在一性論」為原型，旨在追求貫通「東洋哲學整體」的「貫（歷）時性結構化」。這一思想體系的涵蓋範圍，直至井筒的最後一部日文著作《意識的形上學：大乘起信論的哲學》（一九九三年）。在彙整《蘇非主義與老莊思想》時，井筒已經使用來自《大乘起信論》的語彙來說明伊本·阿拉比所開啟的伊斯蘭「存在一性論」哲學體系的基本結構，並將大乘佛教視為連結伊朗伊斯蘭與中國老莊思想的橋梁。

若我們考慮到古蘭經的日文譯本是在一九五八至五九年之間完成的，也就是在《言語與咒術》與《意義之結構》出版之間（儘管它在一九六四年被全面改譯），我們便能理解《言語與咒術》序論中以古蘭經作為聖典素材，並延伸至「存在一性論」的解釋學，正是井筒批判的核心。英文著作翻譯選集中收錄的《老子道德經》（由古勝隆一譯）亦是井筒在研究伊朗「存在一性論」時所寫的；在《存在的概念與實存性》（由鎌田繁監譯，仁子壽晴翻譯）後半部分，也有超過一半的篇幅討論哈迪·薩卜澤瓦爾（Hadi Sabzavari）神祕哲學的基本結構，並最終歸結到源自伊本·阿拉比的伊朗「存在一性論」。

形塑伊本・阿拉比「存在一性論」的最重要的「神」，即那位以「慈愛的氣息」不斷創造宇宙萬物的「神」原型，井筒在《言語與咒術》中已有所概述。

井筒俊彥的語義學和存有論可謂首尾一貫。在井筒的第一部英文著作《言語與咒術》中，日後構成井筒語義學、存有論的所有元素皆以萌芽狀態出現。井筒也討論了里爾克（Rainer Maria Rilke）、馬拉美與克洛岱爾（Paul Claudel，漢名高樂待、高祿德）的詩。對井筒而言，這是詩的實踐，也是詩的理論化。換句話說，這也是波特萊爾之「批判」作為一種語言哲學的復興，那麼，《言語與咒術》所表達的願景是什麼呢？

言語與咒術

在《言語與咒術》一書中，井筒始終強調「咒術」（magic）相對於「邏輯」（logic）的優位性。他認為，從人類成為人類的那一刻起，語言便誕生於一種「咒術」之中，這種咒術同時規範著人類的精神與身體。在超現實的「神聖」世界與現實的「俗世」世界之間，語言兼具雙方世界的特質，透過既具身體性又具精神性的舉止，指涉某些事物及其意義。由此，原初的語言產生，這便是作為「咒術」的語言。而所謂的「意義」，實際上就是「咒術」本身。

《言語與咒術》全書共分為十一章。第一章為總論，解釋了言語中「邏輯」與「咒術」之間的衝突，以及「咒術」的優越性。隨後的第二至第四章闡述了「咒術」所帶來的「意義」，而第五至第八章則為理論篇，第九至第十一章為實踐篇。在第五至第八章的理論篇中，言語中「邏輯」與「咒術」的對立與牴觸被轉化為更具語言學意義的「外延」（Extension）與「內涵」（Intension）之對立。「外延」邏輯性地指涉意義，而「內涵」則情感性地（即咒術式地）喚醒意義。與「外延」僅能指涉單一意義不同，「內涵」則能涵蓋多重意義。若將「外延」視為意義表層的意識，那麼「內涵」便是深層的潛意識性意義。

只有那些能夠觸及潛意識深層、蠢蠢欲動的「內涵」者，才能賦予世界新的意義，亦即賦予世界新的秩序。作為一種「內涵」，「咒術」是無形的靈性之力。在未開化的野蠻社會中，「咒術」依然是最強大的武器，支配著生活的各個面向，直接影響人們並引發社會變革。在這樣的社會中，咒術師擁有瓦解與重建社會秩序的力量，他們既是詩人，也是國王。

《言語與咒術》的第二章至第四章被井筒視為導言，在這些章節中，他指出作為「咒術」的語言從古代到現代並未喪失力量，而且持續存在。在古代社會，人們相信世界是由一種不同於日常語言的非凡語言所創造的，這是一種充滿咒術能量的神聖語言。他們不僅認為世界，甚至宇宙萬物的一切都可以透過「神聖氣息」來實現，而無限的意義正是從這種氣息中產生的。今天，意識覺醒的詩人們依然肩負著這樣的願景，並將其提升到以絕對語言書寫絕對作品的理念層次。然而，正如語言擁有「邏輯」與「咒術」、「外延」與「內涵」兩種面向一樣，情感性的詩歌中也蘊含著邏輯的法則。

事實上，在《言語與咒術》一書中，井筒對伊斯蘭的討論相對較少，儘管他日後從這一點發展了自身的語義學——換句話說，《言語與咒術》可視為井筒解釋學的「方法論序論」。然而，在這本書中，使「詩」和「法」得以成立的神聖詞彙，正是使伊斯蘭教得以成立的基本結構。舉例來說，第三章的標題「神聖氣息」便是來自伊斯蘭教內部的特異解釋學，並推向極限，它與伊朗「存在一性論」中的「慈愛的氣息」一同，不斷地孕育出森羅萬象一切的無限之神的姿態。同樣在這一章中，井筒還提到從老莊到儒家貫穿中國整體思想的「氣」，並賦予其相同的解釋（這一部分亦可視為《蘇非主義與老莊思想》第二部的前奏）。

所謂的「氣」，井筒認為是「可思考為包含人在內的整體自然，及貫穿、推動這全體的半物質半精神之生命力，也就是所謂的『生命衝力』（Élan vital）」。所謂的「生命衝力」是法國哲學家亨利・柏格森在《創造進化論》中充分闡述的概念，指的是生命的原初意志（或意識），即孕育宇宙萬物的「生命動力」。柏格森將精神與物質視為兩個極點，並認為在它們之間，所有意義（同時也是形態）所產生的原初意識便是「神」，這是柏格森自身的表述。

此處，井筒所描述的不僅是柏格森的思想，還涉及伊朗高原上的神祕主義者們。他們在內心深處尋求通往「神」的道路——所謂的「神祕」，意味著無法完全透過語言表達，只能透過個體的體驗與超驗的存在合而為一——這也是「蘇非」追尋到的「神」的姿態。語言的「意義」被視為一種「咒術」，其根源中蘊含著原初的意識，也就是原初之神。這正是井筒俊彥哲學語義學得以成立的基本結構，《言語與咒術》與《蘇非主義與老莊思想》在這一點上有著直接的關聯。

三、無限的神、無限的意義

先知穆罕默德

在《言語與咒術》中，井筒並未正面討論日後構成其哲學語義學的兩大支柱——即發出神諭的唯一且絕對之「神」，以及接受神諭的特別人選「先知」。直到最後一章（第十一章），井筒才將孕育穆罕默德的古代阿拉伯描繪為一個充滿各種精靈「附身」的地方。在古代阿拉伯，廣袤的沙漠中生活著許多詩人，他們彷彿使精靈「附身」於詩歌與散文中，釋放出強大的語言力量。真主的先知與使徒穆罕默德便誕生於這樣的環境中。

沙漠詩人們與穆罕默德的對話形式極為相似。然而，穆罕默德拒絕將自己與詩人相提並論，他認為寫給自己的「神諭」並非封閉在私人領域的詩歌，而是向公眾開放的法則，是神的法則。在繼《言語與咒術》之後的第二本英文著作《意義的結構》中，井筒探討了穆罕默德所發動的意義革命的細節。先知完全顛覆了支配沙漠遊牧民族的意義體系與語彙，將以「部族」為中心的倫理和道德體系轉變為以「神」為中心的倫理和道德體系。對沙漠牧民來說，最屈辱、如僕人般的狀態（伊斯蘭，意指一切歸神主導）變成了對神最虔敬的態度。

從語義學的角度來看，穆罕默德劇烈地改變了支配阿拉伯遊牧民族的語言體系的「內涵」及其方向性，從以「部族」為中心轉向以「神」為中心，從現實中的有限存在轉向超現實的無限存在，從今世的關注轉向來世的重視。語言的變革與社會體制的變革密切相關。在井筒的語義學框架中，能夠直接接觸語言「內涵」並改變其方向，是先知的獨有特權。正因如此，井筒將以穆罕默德為代表的先知的生存方式、神對先知下達的「神諭」，以及這些神諭集結成的古蘭經進行語義學式的分析，並將這一課題作為自己一生的研究重點。

穆罕默德將所有的意義指向唯一的存在——「神」。無限的「神」所處的無形世界與有限的人類所處的有形世界截然對立，只有透過「神諭」才能彌合這兩者之間的鴻溝。因此，神與人類關係中的兩種相反的態度也浮出水面：神對人類既有仁慈的救贖，也有嚴厲的審判。人類若對神抱持「信仰／信奉」，則神會報以救贖；若「不信」，則將遭受神的審判。他許諾我們在天堂安息，但同時也警告我們在地獄（火獄）中受苦。

基於《意義的結構》中的分析，井筒在《古蘭經中的神與人》中仔細描繪了穆罕默德根據意義革命與社會革命所帶來的各種二元對立，並探討了這些對立如何在其複雜且緊密交織中構成統合伊斯蘭共同體的意義體系與社會體系的基本結構。此外，在《伊斯蘭神學中的信仰結構》中，井筒進一步探討了由「信」與「不信」之根本對立所構成的伊斯蘭共同體的意義體系與社會體系，這一範疇不僅涵蓋了伊斯蘭之前的情況，也延伸至伊斯蘭之後的體系變化。在伊斯蘭之前，問題在於「神」的信徒群體與其他群體之間的衝突；而在伊斯蘭之後，這種對立卻被內部化。對神真正意義的「信仰」意味著什麼？井筒將「信仰」與「理性」之間的雙義性相連結，並根據「信仰」所賦予的意義，引發了正統與異端之間的新對立。

到了這個地步，井筒放棄了僅基於古蘭經中的「詞彙」來進行語義學分析的做法。在《言語與咒術》一書中，井筒已經指出，僅僅分析語言的指示作用最終無法揭示「意義」的廣度及其根源。井筒進一步考察了穆罕默德所體現的先知性質，並認識到，那些被正統派斷言為「異端」的人們，其閱讀聖典古蘭經的目的是為了更深入地追求「意義」。至此，井筒的意義論探究發生了重大的變化，開始超越單純的語言層面，深入探索「意義」的更深層次。

作為「存在」的神

先知並非「神之子」，他的存在並不特別，而是一個非常普通的人。然而，這一點正是基督教與伊斯蘭的顯著區別。穆罕默德指出，通往無限之神的道路對有限的人類同樣是開放的，先知透過自己的身體與精神向人們展示了這一真實性，並開始有一些人以先知為範本，試圖以自己的身體與精神開創通往神之道路。這些人便是蘇非主義者，也就是神祕主義者。

蘇非主義者們安定身軀，集中精神，在這個過程中，人們逐漸意識到精神是一個多層次的結構，從日常的表層意識到非日常的深層意識，分化出多個層次。隨著內在精神集中程度的加深，外在世界也顯示出多層次結構，而且這些層次不斷加深。在精神和身體的深處，人類能夠無限接近神。基於蘇非主義者的經驗，伊斯蘭中出現了新的意義變革與體制變革。這是一場新的解釋運動，與阿拉伯伊斯蘭相對，凝聚成一種亞洲的伊斯蘭，並促成了伊朗的「存在一性論」。在這裡，不再需要人類的神，而只需一個孕育所有個體的原始「存在」。

然而，只要伊斯蘭仍然是伊斯蘭，就無法忽視聖典《古蘭經》。正如穆罕默德透過改變支配沙漠牧民的「意義」，建立了伊斯蘭共同體，日後伊斯蘭共同體中也發起了「意義」的變革。神是絕對的「一」，這個「一」並非超越宇宙萬物，而是內在的，重新定義宇宙萬物源自自身內在的產物。蘇非主義者們透過深入自我來認識外在的神。無限的「神」孕育了萬物，因此也滲透至萬物中。生出一切的「神」與被生出的「自然」是相等的。善與惡的二元對立被一元化，「存在」本身即是神、自然，在善與惡的另一面顯現出來。這一觀念成為了歐亞大陸基本信仰——薩滿教的融合契機，並總結薩滿信仰形成靈魂一元論的泛靈論（Animism）。

井筒認為，老莊思想之所以能夠成立，其基礎在於薩滿信仰。薩滿信仰在伊朗的「存在一性論」與老莊思想中有所體現，這些思想在一種幾乎平等的世界觀基礎上成為可能。其根源在於無，即無限的「神」（「道」），賦予宇宙萬物存在和意義。以「慈愛的氣息」不斷孕育萬物，這種作為「自然」的神是存在的——這樣的神的姿態，亦與折口信夫提倡的「產靈」相契合。這就是井筒俊彥語義學與存有論的歸結統整。從聖典的解釋學，也就是「批判」中，產生了新的哲學。今天，我們必須為井筒俊彥的成果開啟更進一步的未來。在那樣的未來中，不僅存在哲學的未來，也存在批判的未來。

延伸閱讀

小林秀雄，《本居宣長》上、下（新潮文庫，一九九二年）——本書明確指出批判乃聖典解釋學，是「語言」的問題，堪稱日本現代批評的成就之一。不過時至今日，必須帶著批評（批判）的態度來閱讀。

折口信夫，《古代研究》全六冊（角川Sophia文庫，二〇一六—二〇一七年）——想了解折口信夫「古代學」全貌時的必備書籍。若能同時參照筆者所著的《折口信夫》（講談社，二〇一四年）——以批判的方式重新審視了折口研究的全貌，將對折口之前的聖典解釋學歷史有個大致的了解。

井筒俊彥，《意識與本質：探索精神的東洋》（岩波文庫，一九九一年）——從歐亞大陸西端道東端，將井筒俊彥一路以來實踐的「哲學意義論」濃縮為一冊，為井筒「詩學」的集大成之作。此外，當前最能統整井筒思想的書籍，首推澤井義次、鎌田繁編輯之《井筒俊彥的東洋哲學》（慶應義塾大學出版會，二〇一八年）。

CHAPTER

six

第六章

現代伊斯蘭哲學　中田考

現代イスラーム哲学

一、序言

伊斯蘭與「法爾薩」

「Ph.D.」（Doctor of Philosophy）被譯為「哲學博士」，它在歷史上原指歐洲大學四個傳統學系（另為神學、法學、醫學）的「哲學系」學位，但今日它已超越狹義的「哲學」，成為社會科學、自然科學和人文科學各領域的最高學位。

筆者於一九九二年在開羅大學文學院哲學系取得Ph.D.學位，師從曾於法國索邦大學學習現象學的伊斯蘭哲學權威哈珊·哈納非（Hasan Ḥanafi）教授，是一個「真正的哲學」博士。

顯然，阿拉伯語的「法爾薩」（falsafah）來自希臘語「哲學」（philosophia）的發音，自阿拔斯帝國（Abbasid Caliphate）時期、希臘學術被翻譯成阿拉伯語以來，它便成為阿拉伯語詞彙的一部分。由伊本·曼蘇爾（Ibn Manzur, 1233-1311）所撰寫的古典阿拉伯語辭典《阿拉伯人之舌》（又稱《阿拉伯語大辭典》）也記載著「法爾薩」意為「智慧」（Hikma）。不過，正如《世界哲學史4》第四章〈阿拉伯哲學與伊斯蘭〉中所詳述的那樣，在阿拉伯—伊斯蘭文明中，「法爾薩」並不被視為探究普遍真理的學術領域，至多被視為一種外來的學問。更精確地說，這是一個專有名詞，用以指涉經過新柏拉圖主義化的亞里斯多德思想的特定世界觀。

不過，現代阿拉伯語的「法爾薩」，在使用上幾乎已等同於英語的「philosophy」與日語的「哲學」。筆者在學時的開羅大學哲學系系主任是希臘哲學專家，同時也有蘇非主義教派聯合領袖塔夫塔札尼教授主講伊斯蘭哲學，研究生中也有專攻中國哲學的人。筆者的博士論文題目〈伊本・泰米葉的政治哲學〉中的「哲學」（法爾薩）一詞，也是當代阿拉伯語的用法。然而，實際上〈伊本・泰米葉的政治哲學〉這個題目本身是自相矛盾的。因為伊本・泰米葉（Ibn Taymiyya, 1263-1328）是伊斯蘭思想史上著名的復古主義者之一，他反對一切外來思想，尤其是希臘哲學，並強調古蘭經與先知穆罕默德言行錄（聖訓）的完整性。

筆者取得博士學位後，在沙烏地阿拉伯公開發表了博士論文，但當時的沙烏地阿拉伯以「哲學」（法爾薩）一詞違反伊斯蘭的理由加以禁刊，因此不得不將題名改為〈伊本・泰米葉的政治理論（阿拉伯語：nazaria）〉。這一改動反映了埃及作為曾受法、英殖民統治的國家，與從未受過殖民統治的沙烏地阿拉伯之間的差異，也折射出伊斯蘭思想史上延續超過千年的內部分歧與對立。

「阿拉伯」這個詞中包含了兩個概念：一是以亞伯拉罕的兒子以實瑪利（Ishmael）之男性子嗣為核心的血緣概念，二是指掌握阿拉伯語、擁有阿拉伯習慣和文化的語言文化性概念，後者也被稱為「莫扎拉布人」（Musta'rab），即指阿拉伯化的人。時至今日，阿拉伯半島的沙烏地人和葉門人仍以血統純正的阿拉伯人自居並感到自豪，而埃及人則自嘲地稱自己為「莫扎拉布人」，除非他們的祖先來自阿拉伯半島。儘管如此，現今大多數阿拉伯人實際上是莫扎拉布人。在這樣的背景下，筆者作為在埃及取得哲學學位，並於沙烏地阿拉伯以阿拉伯語出版伊斯蘭政治學學術書籍的學者，也可被視為一位阿拉伯－穆斯林哲學家。

因此，本稿將以伊本・泰米葉的政治思想為主線，俯瞰現代伊斯蘭思想中的各種潮流，並從作為阿拉伯－穆斯林哲學家的筆者視角，討論全球化時代下的現代伊斯蘭哲學。其原因與效度（validity）將在下一節中依次展開討論。

二、文化翻譯與傳統伊斯蘭學

因殖民地經歷而產生的變化

翻譯無法完全忠實地傳達來源語言的原文，這一點自古以來人們早已心知肚明。正如拉丁語的警句「traductore traditore」（翻譯者即是背叛者），更不用提美國哲學家奎因的「翻譯不確定性原理」理論了。如果連單詞的正確翻譯都無法實現，那麼更為複雜的文化內涵，更無法準確地翻譯了。

在西歐殖民之前的穆斯林世界，大多數伊斯蘭學術均以阿拉伯語進行。儘管在某些地區確實存在非阿拉伯語作為穆斯林民族共通語言的例子，例如中亞、印度、中國的波斯語，東南亞的馬來語等，但阿拉伯語仍是全球伊斯蘭學者的共通語言。

然而，今天的情況已有相當大的變化。過去，穆斯林知識分子與伊斯蘭學者（烏拉瑪，ulamā）幾乎是同義的，伊斯蘭學者主導著穆斯林世界的言論空間。如今，在穆斯林世界的大眾傳媒、大學、智庫等領域，主導話語權的多為不具伊斯蘭學基本教養的「世俗」知識分子，幾乎在所有國家，只有在禮拜方式、食物禁忌等狹義的宗教問題上，才會徵求伊斯蘭學者的意見。這導致現代全球化的穆斯林知識分子的第一語言已不再是阿拉伯語，而是英語。

穆斯林世界在殖民地化前後經歷了一個重大的變化。過去，存在著大量與伊斯蘭相關的文獻，從簡單的入門書籍到專門的學術著作都有，但這些文獻的目標讀者主要是伊斯蘭學徒。伊斯蘭學的書籍大多基於向老師學習的傳統，並沒有文獻是為非穆斯林自學伊斯蘭而編寫的。然而，今天，包括歐美在內，許多幾乎沒有穆斯林的國家中，都有大量伊斯蘭機構免費發放的手冊，旨在介紹伊斯蘭。一般書店中也販售不少由伊斯蘭或非伊斯蘭作者撰寫的學術書籍。本稿也屬於這類文獻之一。

傳統伊斯蘭學中的文本

文本的表意作用發生在一個複雜的過程中。就當前人類的生活型態而言，例如在接近絕對零度的宇宙空間或高達一千五百萬度的太陽核心時，文本的表意作用是無法預期的，因為物理學中的重力、氧氣含量等客觀條件也會產生影響。由於篇幅所限，此處不再深入討論文本理論。我要強調的重點是，在文本的表意過程中，所謂的文本並非單純的物理存在，而是一個符號。換句話說，它不僅僅是紙上寫下的墨痕、電腦螢幕上閃爍的像素，或大聲朗讀的聲音，而是在阿拉伯語或英語等特定語言體系中所產生的一組符號。這些符號引發讀者在閱讀過程中的表意行為，這與作者的原意無關。隨著人工智慧（AI）生成文本的現代，文本的表意作用的焦點明確地已經從作者的意圖轉向不特定多數讀者的解讀。

與傳統伊斯蘭學文本的表意型態相比，這一點變得更加清晰。在傳統伊斯蘭學中，經典文本通常是由師承作者的弟子來傳授，弟子們要麼從作者處聽取文本，要麼在老師面前朗讀，待老師確認弟子已經理解後，才允許弟子進一步傳授，這樣的方式代代相傳。伊斯蘭學的社群正是透過背誦這些代代相傳的文本而建立起來的。也就是說，從單詞層次開始，弟子們記住文本發信者的語彙、措辭，乃至整本書籍，甚至在某些場合，會完全背誦該領域所有相關書籍。透過這種共享語言的過程，學問得以成立。

這一點不僅體現在語義學層面。在伊斯蘭學中，學習文本的目的並不單純是理解其字面上的意思，而是將所學知識付諸實踐，而這種實踐必須透過一心向神來完成。在傳統的伊斯蘭學中，閱讀文本的行為通常發生在附屬於清真寺的伊斯蘭神學校（madrasa），或稱為哈納卡（khānqā，蘇非派修士的活動場所）、里巴特（ribāṭ，修行者的寓所）、塔克謁（takyeh，聚會所）等蘇非主義修行場所中。在這些場所，學徒們與他人共同祈禱、修行，只有掌握了文本中的語言，才算完成學習的過程。

換言之，傳統伊斯蘭學中的文本，是源自於穆罕默德這位獲得神之聖書的先知傳下來的學識。為了深化這些學識，隨著時代的發展，它們會進行微妙地改寫、衍伸和增生。老師與學生共同閱讀、背誦並內化這些文本，從而形成一個盡可能共享語義理解的社群。在這樣的社群中，老師與學生們透過共同生活和相互學習，分享了語用學（Pragmatics）上的理解。例如上方落語[1]中的「京都的茶泡飯」，當京都人說「是否來碗茶泡飯？」時，從語義學的角度來看，這句話的意思是「給您呈上茶泡飯，怎麼樣？」然而，從語用學的角度來看，其實隱含的意思是「您差不多該回去了。」再舉一個更高文學層次的語用學例子，如夏目漱石的名句：日本人會用「今夜月色真美」來代替「I love you」。

傳達神的原始旨意

傳統的伊斯蘭學建立了一套制度，用以維護先知穆罕默德所傳達的神諭的語義與語用意義。這些文本旨在將神的啟示傳遞給那些共享語彙、生活方式，並以神為目標的讀者。這套制度的核心在於透過先知將神的原始旨意傳達給人類，過程中不帶有個人色彩或外來雜音，並不需要撰寫者具備獨立的「原創性」。傳遞神的原始旨意的第一步是確保古蘭經和穆罕默德聖訓的詞句不被增刪或改動，並且準確無誤地傳達。

由於古蘭經正統的十傳承文本已經確立，今日已鮮少有創新研究的空間。然而，由於《聖訓》中的文本數量龐大，今天仍然在進行校訂和編輯工作。例如，遜尼派的綜合伊斯蘭網站「al-Durar al-Saniyah」涵蓋了六大聖訓集等主要的遜尼派古典聖訓文獻，此外還包括當代代表性學者阿爾巴尼（Al-Albani, 1914-1999）的《純正聖訓系列》（*Silsilah al-Aḥādīth al-Ṣaḥīḥah*）和《可信度低下及捏造聖訓系列》（*Silsilah al-Aḥādīth al-Ḍa'īfah wa al-Mawḍū'ah*）等新編寫的聖訓集。成千上萬的聖訓不僅可以透過文本中的單詞進行檢索，還可以根據傳承者的姓名來檢索，從而確定聖訓的解釋及其可信度。

然而，無雜音地傳達神的原始旨意，不僅限於對聖訓可性度的審查及基於此編纂新的聖訓集。如前所述，即便現代穆斯林世界和過去的穆斯林世界都使用阿拉伯語，然而作者、讀者與文本之間的關係及語義效果已經發生了極大的變化。即便是用阿拉伯語向「同樣是伊斯蘭」的群體傳達，在今天，這樣的傳達行為無非是「文化翻譯」。儘管現代化與西方化導致指示對象的重大變化，阿拉伯語本身由於不創新詞彙，而是在古語基礎上疊加詞彙的特性，使得阿拉伯語在當今並未發生太大變化。在詞彙層面，無論是古蘭經、聖訓等古典伊斯蘭學作品，對現代

1 譯註：上方落語是源自大阪和京都的落語形式，具有獨特的地方文化和語言特徵。與東京的江戶落語不同，上方落語注重語言的細膩和地方特色，起源可追溯至江戶時代。

阿拉伯穆斯林來說，理解其語義或字典上的意義並不會感到太困難。

以國際性語言書寫文本的問題

在當前的阿拉伯語社會中，古蘭經、聖訓等古典伊斯蘭名著不僅在一般書店有售，甚至在車站或街頭的商店中也經常與報紙、週刊雜誌並排販售。這一現象與今日英語、德語、法語等現代語言與古典拉丁語、希臘語完全斷裂的歐美地區形成鮮明對比，也不同於日語社會中古文與現代文的區別。可以舉個例子，這就像在車站商店或超市書架上擺放《古事記》、《源氏物語》、《歎異抄》等古典原文書籍，與週刊雜誌和報紙一同銷售。換句話說，現代阿拉伯語的世界，不僅是部分知識分子的需求，古典作品也成為了一般民眾的必需品。

與已經實現現代化並與傳統斷絕的歐美或日本相比，今天的阿拉伯語世界仍與古典阿拉伯語和傳統伊斯蘭學密切相關。儘管如此，這些古典阿拉伯語和伊斯蘭學正在逐漸邊緣化，並需要進行「文化翻譯」才能理解，這一點將在後文中進一步討論。過去，人們假定一組以聖典文本為核心的作者與讀者在語言、文化與生活形式上是相同的，但如今，文本的作者與讀者之間的同等性已不再存在。現代文本的產生，是基於它將在不特定數量的讀者之間流傳這一前提，尤其是那些以「英語、法語、俄語、西班牙語、中文、阿拉伯語」等國際語言寫成的文本，這些文本自一開始便是針對跨越多個國家、文化和文明圈的讀者群體而創作的。

阿拉伯語至今仍是伊斯蘭學者的共通語言，並不僅限於阿拉伯人，還包括廣泛的伊斯蘭知識分子。由於帝國主義時代，伊斯蘭世界的大部分地區曾受到英法的殖民統治，今天有超過一億穆斯林以英語或法語為母語，或從小學教育起便學習英語、法語，並將其視為母語。如今，大量與伊斯蘭相關的文獻是由穆斯林為非穆斯林讀者，尤其是歐美人士編寫的。這些文獻需要透過一種名為「文化翻譯」的特殊解讀方式來理解，這一點將在後文中進一步說明。下一小節將討論現代阿拉伯——伊斯蘭文化如何進入當代日本文化的翻譯問題。

三、作為日本文化的「當代伊斯蘭哲學」

理解「無法理解」之事

「現代伊斯蘭哲學」與阿拉伯語中的「al-falsafah al-Islāmiyah al-muʿāṣirah」（直譯亦為「現代伊斯蘭的哲學」）有所不同。日語中的「現代伊斯蘭哲學」，既不是由伊斯蘭學者或阿拉伯／穆斯林知識分子為知識分子撰寫的「al-falsafah al-Islāmiyah al-muʿāṣirah」，也不是由歐化的穆斯林或東方學者（orientalist）為對西歐文化有一定理解、但對伊斯蘭不一定具備深入知識的讀者所撰寫的「the modern Islamic philosophy」。日語中的「現代伊斯蘭哲學」至多只能視為「多神教式」的日本文化之一部分。

即便同樣是由阿拉伯／穆斯林所書寫的文本，針對生活在傳統中、承傳神之智慧的伊斯蘭學者（烏拉瑪）所寫的文本，與針對歐化後的「世俗」知識分子所寫的文本，其表意作用的前提條件完全不同，因此這些文本之間幾乎無法相互理解。更何況，在完全不懂阿拉伯—伊斯蘭文化，甚至缺乏希臘化文化和猶太文化基本素養的日本文化框架中，這些文本更無法得以表現。關於日語中的「現代伊斯蘭哲學」，首先必須指出，用日語書寫的「現代伊斯蘭哲學」僅是日本文化的一部分，與「al-falsafah al-Islāmīyah al-muʿāṣirah」完全不同。

因此，「al-falsafah al-Islāmīyah al-muʿāṣirah」意味著「無法理解」。如上一節所述，今天關於讀者「理解」作者意圖的觀念已經不再存在，因此「無法理解」本身也不再是一個問題。在理解文本的層面，這種情況同樣適用於跨文化的理解。或者更準確地說，這種情況在隸屬於不同文明與文化的社群之間尤其明顯，因為他們一開始就缺乏共同的語言、宗教和習慣，這與古典文本的理解有所不同。在古典文本中，作者和讀者之間是具有同質性的。

文化翻譯與「現代伊斯蘭哲學」

在翻譯過程中，譯者無疑需要熟悉來源語言（Source Language）與標的語言（Target Language），但更為重要的是對標的語言的掌握。自從近代將漢文典籍翻譯成日文以來，從世界各地的文學到學術書籍，已有數以萬計的書籍被翻譯成日語，然而其中絕大多數翻譯工作是由日語為母語的日本人完成的。文化翻譯亦是如此，日語中的「現代伊斯蘭哲學」是將阿拉伯語等穆斯林語言中的伊斯蘭哲學，轉譯成符合當代日本文化語境的詞彙。由於它屬於日本文化的一部分，而非伊斯蘭文化，與其理解來源語言中的伊斯蘭文化，對標的語言——即日本文化的理解更為重要。筆者受委託撰寫「現代伊斯蘭哲學」一文，首先作為一個生活在全球化時代的日本人，對伊斯蘭學、伊斯蘭區域研究的專業知識則是次要的。

「al-falsafah al-Islāmīyah al-muʿāṣirah」在現代的日本文化框架中無法完全被理解，充其量只能被理解為「難以理解」。在這樣的前提下，「現代伊斯蘭哲學」應該如何撰寫呢？為了讓讀者意識到「現代伊斯蘭哲學」的內容並非「al-falsafah al-Islāmīyah al-muʿāṣirah」，而僅僅是日本文化的一部分，就必須考慮到「現代伊斯蘭學」這一術語在日本讀者心中形成的「先入為主」（Vorurteil）觀念。我們的目標是讓讀者在閱讀完這本書後，能夠放下這些先入為主的觀念，即使只是一部分地放棄這些既定印象。

為此，筆者認為最妥當的做法是與一般日本人共享對「現代伊斯蘭哲學」的「先入理解」，並且以作為「穆斯林化的阿拉伯人」的身分，在開羅大學這個最古老的世俗高等教育機構的哲學系，向與穆罕默德．阿爾孔（Mohammed Arkoun, 1928-2010）並列的當代穆斯林世界伊斯蘭哲學權威哈桑．哈納菲（Hassan Hanafi, 1935-2021）學習「al-falsafah al-Islāmīyah al-muʿāṣirah」，並描繪出自己所理解的「現代伊斯蘭哲學」。因此，本文從某種意義上來說，便是筆者自身的「現代伊斯蘭哲學」。在下一節中，筆者將首先闡明「al-falsafah al-Islāmiyah al-muʿāṣirah」在伊斯蘭文明史中的定位及其意義，隨後討論筆者自身對於在日本文化脈絡中表達神之原始訊息的「現代伊斯蘭哲學」。

四、伊斯蘭史中的聖訓之徒

兩種潮流的對立

在西方哲學史上，哲學的形成是一個擺脫神話思維的過程，而推動這一過程的主要力量就是理性（nous）。在希臘思想中，理性最初是偏向神話性和形上學的存在，但當希臘語文獻在阿拔斯王朝時代被翻譯成阿拉伯語後，這些思想被融入了阿拉伯／伊斯蘭文化中。然而，「哲學」僅僅被音譯為「法爾薩」，仍然是一個外來的概念。相對而言，「理性」則被意譯為阿拉伯語中的「阿庫爾」（ʿaql）。

「阿庫爾」的原意指涉「彙整、壓抑、理解」等含義，這個詞源自動詞「阿喀拉」（eaqal），其含義參見《阿拉伯語大辭典》。然而，神學家阿里・朱爾詹尼（Ali ibn Muhammad al-Jurjānī, 1339-1413）在其著作《定義集》（*al-Taʿrīfāt*）中，對這個詞彙提供了與原意幾乎完全不同的形上學定義：「自本質（dhāt）中脫離而出的物質，而且在行為上與該物質結合的實體

（jawhar）」。

在伊斯蘭歷史的深層結構中，始終存在兩種思想的衝突：一種思想力圖盡可能保留先知穆罕默德及其門徒所接受的啟示中的阿拉伯語原意；另一種思想則認為，隨著阿拉伯語的變化，應該為其增添新的含義，以充分發揮阿拉伯語的潛力。遜尼派將前者稱為「聖訓之徒」（ahl al-adith），而與這些聖訓之徒相對立的，是法學上的「自由意見之徒」（ahl al-ra'y），或在信條上稱為「思辨神學之徒」（ahl al-kalam）。作為新柏拉圖主義化的亞里斯多德形上學，「法爾薩」在安薩里（Al-Ghazali）的批判後便自遜尼派的世界中消失，但包括邏輯學在內的方法論，仍以理性之名被納入遜尼派神學之中。

限於篇幅，本稿無法詳盡討論什葉派（Shia Islam），但大致來說，什葉派神學在法學上重視理性所扮演的角色，這一點繼承了上述後者的派別，並成為今日（十二伊瑪目）什葉派的主流「原理派」（烏蘇勒，Usuli）。在什葉派中，也有與遜尼派聖訓之徒相對應的支派，稱為「傳承派」（阿赫巴爾派，Akhbari），但如今「傳承派」幾乎已經消失，而且其存在意義微乎其微。法爾薩的新柏拉圖主義式形上學，也滲透進了遜尼派的蘇非主義（神祕主義）和什葉派的神智學（Theosophy）中，成為一種超越理性或更高層次的智慧。

聖訓之徒與伊本・泰米葉

在殖民地化和西歐化之前的伊斯蘭世界，聖訓之徒常屬少數派，他們力圖保持先知穆罕默德及其弟子時代的阿拉伯語，並保持神之啟示的原貌，對一切外來思想和新奇觀念持懷疑態度。由於他們的理念是保護神諭語言的純粹性，他們的著作風格主要依賴引用古蘭經與聖訓，幾乎沒有自己的詞彙，這與西歐思想研究的前提及方法論有著顯著的不同。他們的思維模式，尤其是在聖訓學領域，能在伊本・泰米葉的著作中略見端倪。伊本・泰米葉熟悉各派神學者的觀點並加以批判。

此處提到聖訓之徒與伊本・泰米葉，是因為他的思想透過穆罕默德・伊本・阿卜杜勒・瓦哈比（Muhammad ibn ʿAbd al-Wahhab, 1703-1792）的影響而獲得普及，並催生了一場名為「瓦哈比派」（Wahhabism）的宗教運動。該派獲得了阿拉伯半島地理中心內志（Najd）豪族穆罕默德・本・沙烏德（Muḥammad bin Suʿūd Āl Muqrin, 1726-1765）的庇護，並發動叛變對抗當時的鄂圖曼帝國，成功征服了阿拉伯半島，並攻占了麥加和麥迪納兩大聖地。一九二二年，隨著鄂圖曼帝國的滅亡，沙烏地阿拉伯王國將瓦哈比派奉為國教。今天，統治領土實際涵蓋敘利亞和伊拉克，並宣稱重振哈里發（Caliphate，指阿拉伯帝國最高統治者的稱號）制度的「伊斯蘭國」運動，亦屬於瓦哈比派的一部分。

當穆斯林世界的大部分地區都被西方帝國主義列強殖民，或成為其經濟附屬國時，從未經歷西方殖民統治的瓦哈比派及其根據地沙烏地阿拉伯，反而成為穆斯林世界反西歐化的政治、社會與思想運動的核心。這場運動的思想基礎正是伊本·泰米葉那種具有「排外性」的思想。

五、東方主義與伊斯蘭的現代

復古主義、傳統主義、現代主義

在東方主義中，人們習慣將西方殖民主義以來的伊斯蘭思想分為復古主義、傳統主義與現代主義。所謂的復古主義，指的是以瓦哈比派為中心的思潮，自認為聖訓之徒的後繼者，現今通常被稱為「薩拉菲主義」（Salafism）；傳統主義則認為傳統伊斯蘭學在當代依然有效。本稿無法詳細探討西歐殖民前聖訓派與主流傳統伊斯蘭學在世界觀上的差異，僅能簡單概述。與強調造物主與被造物之間存在絕對區別的聖訓派相比，傳統伊斯蘭學則採用了新柏拉圖主義的流溢說（Emanationism），將神置於被造物的宇宙和社會頂端，形成一個結構化的階層秩序。

這種傳統主義的階層式世界觀與前近代的身分制度社會相當契合。然而，由於現代天文學的發展，階層式的宇宙觀逐漸失效，原本被認為具有靈性的天體也已經「脫聖化」，這大大削弱了傳統伊斯蘭學的可信度。而哈里發制度是伊斯蘭法學的基石，但隨著這一制度的喪失，以維護傳統為自誇的伊斯蘭學者，卻寄生於那些廢除伊斯蘭法並繼承殖民宗主國法律的不當掌權者之下，成為提供伊斯蘭合法性表象的御用學者。這使得他們在知識與社會上的權威已不復往昔，微不足道。

所謂的現代主義思潮，代表人物是穆罕默德．伊克巴勒（Muhammad Iqbal, 1877-1938）。他出生於英屬印度，曾在英國和德國學習哲學、歷史和法律，並深受西方思想的影響，試圖將伊斯蘭教與西方現代主義思想調和。然而，在西方殖民地（如英屬印度）所建立的現代主義，由於殖民宗主國的軍事力量嚴密監控，無法違背宗主國的意志，因此在認知和表現方式上往往存在很大的扭曲。

此外，我們也不應忽略那些提出「現代伊斯蘭」概念的東方主義者，他們實際上是負責監視殖民地居民的宗主國行政官。當代的東方主義者與他們的帝國主義時代的前輩類似，代表著西方的利益。他們提出的現代主義批判往往與西歐價值觀一致，對維持西方霸權發揮了重要作用。因此，他們所提出的思想，越是偏離傳統伊斯蘭教義，就越容易被評價為進步的和獨創的。

因此，東方主義者對現代主義的關注，往往偏向服務於西方利益的政治。他們通常只會推崇那些能解構伊斯蘭「政治性」的議題，如男女或宗教「平等」、言論「自由」，以及廢除吉哈德（jihād）等議題，並視其為進步和獨創的現代主義。在筆者看來，這種現代主義只是一種折衷，依賴西方的標準，缺乏獨創性。作為伊斯蘭思想，它脫離了伊斯蘭已確立的教義，僅是

「減法」式的消極「獨創性」，並不足以作為正統的伊斯蘭思想來討論。

西方思想與伊斯蘭相關之學術研究

現代主義者賽義德·艾哈默德·汗（Sayyid Ahmad Khan, 1817-1898）在愛丁堡大學獲得法學博士學位，並於一八七五年在英屬印度創辦了伊斯蘭英國—東方學院（Muhammadan Anglo-Oriental College），旨在脫離「政治」視角，嘗試更全面地融合西方思想與伊斯蘭思想。該校於一九二〇年更名為阿爾格里穆斯林大學（Aligarh Muslim University），這所綜合大學以傳授傳統伊斯蘭學與西方近代科學而聞名，至今仍是印度的名門大學之一。

第二次世界大戰後，儘管各穆斯林國家相繼從原宗主國取得政治上的獨立，但它們依然被納入由西方掌控的國民國家階層秩序中，伊斯蘭原本的合法政體——哈里發制度並未得以復甦。在這樣現實受制約的情況下，仍有學者在學術上嘗試重振伊斯蘭世界觀，例如巴勒斯坦哲學家伊斯梅爾·法魯奇（Isma ʿīl Rājī al-Fārūqī, 1921-1986）所推動的「知識伊斯蘭化」計畫。

法魯奇的構想最終促成了一九八一年在美國賓州設立的國際伊斯蘭思想研究所（International Institute of Islamic Thought, IIIT），以及一九八三年在馬來西亞設立的國際伊斯蘭大學。然而，儘管「知識伊斯蘭化」計畫旨在將人文社會科學和自然科學伊斯蘭化，但此計畫與美國的新科學運動（new age science）相似，直到近四十年後的今天，仍僅停留在口號階段，未能產生具體的成果。

世界穆拉比特運動是現代西歐與伊斯蘭之間關係中最具成效的思索之一。該運動由英國皈依穆斯林、德加維（Darqawiyya）教團導師伊恩・達拉斯（Ian Dallas，又名阿卜杜卡迪爾・蘇非，Abd al-Qādir Ṣūfī）所領導。達拉斯率領一群以他為核心的皈依穆斯林，並自稱「穆拉比特」（al-Murābiṭūn），意指穆斯林世界邊疆（主要是西方的皈依穆斯林）的「保護者」。

蘇非教團的世界穆拉比特運動有其獨特的聖典解讀方法論。它認為僅對古蘭經和聖訓的字義進行解釋是不夠的，只有對聖地麥地那（Madinah）的傳統慣習（'amal）加以整體性的詮釋，才能揭示其精神的真諦。此外，對古蘭經和聖訓的不信仰被視為資本主義的產物。他們認為，鄂圖曼帝國滅亡的根本原因在於引入了資本主義元素，如設立銀行、發行紙幣及利息貸款等。這些改變破壞了伊斯蘭的基本經濟體系。要實現哈里發制度的重振，必須透過穆斯林個人精神的覺醒，擺脫對資本主義的依賴，並依照伊斯蘭法定貨幣「金」（第納爾，Dinar）和「銀」（迪拉姆，Dirham）的經濟理論來重建經濟體系。

六、小結

在前一節中，筆者根據東方主義者的框架概述了現代伊斯蘭的各派思潮，但筆者並不認為那是「現代伊斯蘭哲學」。正如前所述，這些思潮與伊斯蘭史中的聖訓之徒及傳統伊斯蘭世界觀之間存在著根本性的差異。然而，在「阿拉創造了萬象，世界上唯一的行為者是阿拉」這一觀點上，這些思潮與傳統伊斯蘭思想的核心理念是一致的。

為什麼即便人類的行為來自造物主的旨意，卻仍然被認為是人類的行為？既然人類的行為出自造物主之手，為何仍會被視為違背伊斯蘭教義的惡行？人類的思考與存在是否也遵循相同的邏輯呢？

認識到人類在存在、行為和思考上的主動性，是一個重要的觀點。與此對立的，是一切存在之「無」，這代表著神的客觀性視角。而處在這「無」中的人類的惡行又是如何存在的呢？面對這樣的問題，當神之語言（神諭）出現時，人們該如何處理，才能以與西歐世界觀溝通的語彙來闡釋，並涵蓋包括穆斯林國家在內的全世界？這正是「現代伊斯蘭」哲學的核心課題。就如同伊斯蘭教在接受西方近代思想的洗禮之前，曾透過希臘的自然科學、數學和政治學等語彙來表達自身思想，並不斷剔除其中的希臘形上學臆見（doxa）；「現代伊斯蘭哲學」也必須以聖典為基礎，摒棄現代的臆測，使用現代物理學、數學、政治學等語彙，如相對論、量子力學、不完備定理、人民主權和人權，來表達神的語言。如果本稿能夠成為通往「現代伊斯蘭哲學」的路標，那將是筆者莫大的榮幸。

延伸閱讀

松山洋平，《解讀伊斯蘭思想》（筑摩新書，二〇一七年）——簡要概述現代伊斯蘭思想的結構。

久志本裕子，《變革中的伊斯蘭的學習文化：馬來西亞伊斯蘭社會與近代學校教育》（Nakanishiya出版，二〇一四年）——以馬來西亞為例，具體解說傳統伊斯蘭學與現代伊斯蘭世界的伊斯蘭學在地位和意義上的不同之處。

中田考，《伊斯蘭學》（作品社，二〇二〇年）——概述伊斯蘭史中薩拉菲主義的演變，並展示其在現代的可能性。

Muhammad Baqir-s-Sadr，黑田壽郎譯，《伊斯蘭哲學》（未知谷出版，一九九四年）——現代什葉派伊斯蘭法學者試圖重建與西歐哲學相對立的伊斯蘭哲學。

專欄二

現代資本主義　大黑弘慈

始於二〇〇七年的金融危機使全球陷入嚴重的衰退，最終，本應推動全球化的美國選出了川普成為總統，而歐洲則因公共債務危機，導致今日的歐盟陷入分裂。人們對資本主義永續性的信心已經動搖，在看不到未來發展的情況下，甚至彷彿感受到一種悲壯的氛圍，無法確定資本主義是否能夠挺過這一劫。然而，對現有社會主義體制的失望讓我們陷入一個相當諷刺的境地——那就是，想像人類的末日竟比想像一個資本主義之後的世界還要容易。

在這種情況下，具備長期視野的研究成果為我們提供了狹義經濟學無法得出的展望。例如，主張世界體系理論（World-systems theory）的傑奧瓦尼・阿里吉（Giovanni Arrighi）對經濟還原論的線性史觀提出質疑，重新提出「霸權建立期的生產擴張局勢」與「霸權競爭期的金融擴張局勢」將交替出現，呈現出資本主義的不同樣態。阿里吉認為，當前的「金融化」現象是美國霸權衰退的徵兆，而在中國的儒家「市場經濟」中，他不僅看到了「後美國」的崛起，還看到了「後資本主義」的可能性。

然而，人類學家大衛・格雷伯（David Rolfe Graeber）更加大膽地將視野放到未來五千年的超長期發展中，並在象徵性貨幣（如紙鈔）與金屬貨幣交替出現的脈絡中重新審視資本主義。他認為，與我們的常識相反，貨幣起源於美索不達米亞平原上出現的記帳單位（Unit of account），而現代貨幣理論（Modern Monetary Theory）其實只不過是回歸到最初的象徵性貨幣。透過貨幣的交替，他同時試圖確定負債究竟是在誰與誰之間締結並且如何流動。從他的譜系分析中可以看出，負債並非資本主義的病態，而是人類的宿命。更重要的是，他透過舉出伊努特人拒絕使用「謝謝」這個詞的例子，激發人們對新社會的想像。

當然，想要普及這樣的社會是不切實際的。更為重要的是，透過與格雷伯論點的比較，認識並揭示現代資本主義的「金融化」與「貧困化」的特徵，從而察覺並挖掘出隱藏在當代資本主義根基之下的「基線共產主義」（baseline communism）。

格雷伯同時構思了一個社會，在這個社會中，即使是「不勤奮的窮人」也能獲得幸福。事實上，隨著人工智慧的發展逐漸淘汰人類勞動力，這一階層的「不勤奮的窮人」可能會不斷擴大，他們或許會繼續對總是勤奮的菁英階級產生負債般的情緒。然而，以計算與暴力支撐的匿名性和破壞性負債，也可能啟動一種寬鬆的約定（贈與的連鎖），使人們逐漸從既存的關係過渡到新的關係。為了展望資本主義之後的時代，我們有必要探索這種將人類升級的可能性。這同時也與實現馬克思所提的「各盡所能，各取所需」的共產主義理念密切相關。

CHAPTER

seven

第七章

中國的現代哲學

王前

中国の現代哲学

一、前言

中國的現代哲學？

在討論中國現代哲學之前，筆者想先簡單談談中國是否有哲學這個問題。「Philosophia」作為普世學問，理應存在於文明高度發達的地方，更何況中國是雅斯培（Karl Theodor Jaspers）所謂建構起軸心時代的文明之一。但是「中國是否有哲學」這個問題，在中國至今似乎仍未完全得出結論，有時甚至會發展成激烈的論爭。雅克・德希達（Jacques Derrida, 1930-2004）於二〇〇一年九月訪問中國時，曾針對這個問題發表過令中國哲學家震驚的言論。在訪問上海期間，他明確指出中國雖有思想，但無哲學。這段話出自世界現代思想的代表性人物之一的德希達口中，而且是在他生涯中唯一一次訪問中國時發表如此「挑釁」的言論，會引起軒然大波也是理所當然的。那時的中國國內正好也在爭論中國哲學的合法性。

無需多言，志在解構西方哲學傳統的德希達，對包括柏拉圖在內的西方哲學傳統知之甚詳。哲學，就是指西方哲學，身為背負該文明重任的哲學家提出這樣的看法，誠屬當然。且不說自近代笛卡兒以來的理性主義傳統，中國究竟有多少哲學家是以古代希臘哲學家的方式來思考問題的呢？從中國學者的角度看來，這點也是值得懷疑的。

陳寅恪（一八九〇—一九六九）是現代中國著名的歷史學者，他在日本與歐美留學十多年，熟習古今東西人文學識，他是眾所皆知的文化保守主義者，非常重視中國古典文化。即便如他，在比較中國古代哲學與希臘哲學時，也斷言前者遠不及後者，而且直言古代中國人類似於羅馬人，擅長政治與實踐倫理學。

北京大學校長蔡元培（一八六八—一九四〇）曾徹底改革北大，奠定其作為中國最高學府的基礎，也對現代中國的啟蒙運動的「五四運動」有重大的貢獻。蔡元培於《五十年來中國之哲學》（一九二三年）中寫道，中國現代哲學的主要部分乃輸入自西方哲學。蔡元培是科舉最高級別的進士，其中國古典學問造詣極深，同時他曾兩度留學德國，是位詳知西方哲學的思想家。在此著作出版的一百年後，我們或許仍可說，現狀仍不脫當年他所描述的那樣。

自西學東漸以來，具壓倒性優勢的西方文化以洶湧之勢傳入中國，當然也包含哲學。此前的中國傳統學問在現實面前自慚形穢，實在不得不承認自己的不足。若說當時以儒學為核心的傳統思想在西方哲學思想面前一敗塗地，也絕非誇張。

在鴉片戰爭爆發後近約兩個世紀的今天，現代化政策已奏其功，中國也從西方衝擊中重新站起。因此，重新思考哲學概念的時機也確實已經成熟。即便在西方，哲學的定義也並非單一，在長遠的西方哲學傳統中曾出現各式各樣的定義。既然如此，那麼從更開闊的視野來看，德希達所言的中國思想也可以視為哲學的一部分。二十世紀代表性人文思潮之一的瓦爾堡學派（Warburgian），和主張符號形式哲學的恩斯特·卡西勒（Ernst Cassirer, 1874-1945）等哲學家認為，哲學研究與宗教、文學與藝術密不可分。勞埃德（Sir Geoffrey Ernest Richard Lloyd, 1933-）的著作也充分暗示著這種可能性，他對古代希臘哲學與中國哲學的比較研究近年來在西方產生了重大影響。

此外，也有如撰寫《理性、真理和歷史》的希拉蕊・普特南（Hilary W. Putnam, 1926-2016）般強力擁護科學的研究者，同時也有批評在哲學研究中不能僅以科學為模型的現代哲學代表者。如果嘗試將這些觀點都納入考量，那麼中國思想或日本思想應該都能納入最廣義的哲學框架中。如此一來，才有可能修正傳統哲學既成觀念，豐富其內涵。

本章將概觀中國現代哲學如何將西方哲學納為己用，同時又嘗試融入自身的哲學傳統，以及在此歷程中獲得的成果和成就。這同時也是一部擁有悠久文明的中國在面對現代衝擊時，在激烈吸收異文化的過程中探求自身認同的靈魂奮鬥史。

二、西學東漸與中國現代哲學的光輝黎明期

現代中國哲學家的登場

近代西方哲學在中國的全面引入可以追溯到晚清的嚴復（一八五四－一九二一）。這位優秀的啟蒙思想家曾留學英國學習軍事，日後孜孜不倦地以典雅的中文翻譯了亞當・史密斯（Adam

Smith）、孟德斯鳩（Montesquieu）、約翰・史都華・彌爾等西方代表性的哲學家作品。他的成果也引發了中國對西方近代哲學的第一次熱潮。

特別是他翻譯了赫胥黎（Thomas Henry Huxley）的《天演論》（「演化論與倫理學」（Evolution and Ethics）的中文翻譯書名）中的「適者生存」概念，對文學家魯迅（一八八一—一九三六）與哲學家胡適（一八九一—一九六二）這一代人產生了無可估量的影響。受嚴復翻譯之惠的這一代人後來前往日本、歐美留學，在進到中華民國時代後，已然出現數名打造出成熟哲學體系的哲學家。這是一九三〇至四〇年代的事情。

此處試著具體舉出前述的幾個哲學流派。張東蓀（一八八六—一九七三），留學日本後歸國傾注心力研究亨利・柏格森的哲學與現象學等近代西方哲學，同時發展了多元的知識論。胡適，師從約翰・杜威（John Dewey, 1859-1952），回國後一面提倡實用主義（pragmatism），並繼續鑽研中國古典哲學等學問。金岳霖（一八九五—一九八四），採納分析哲學的方法，兼顧中國思想傳統，並建構出獨特且完備、強調邏輯學之哲學體系。馮友蘭（一八九五—一九九〇），曾在美國學習新實在論（new realism），回國後繼受宋明理學並完成新中國哲學的發展。

除上述學者外，尚有以佛教經典與儒學為基礎並涉獵西方學問，被稱為新儒家開山始祖的熊十力（一八八五—一九六八，參閱第九章）；以及深入鑽研德國唯心主義（idealism），特別是優秀地翻譯了《精神現象學》（*The Phenomenology of Spirit*）等諸多黑格爾的著作並嘗試將其結合儒學傳統的賀麟（一九〇二—一九九二）等哲學家。

這些哲學家是開創中國現代哲學的世代。此外，還有在維也納學派（Vienna Circle）、埃德蒙德．胡塞爾及馬丁．海德格等門下學習的中國哲學家們，他們積極地介紹哲學的新思潮，為中國的哲學界吹起一股新風潮。回過頭來看，這個時期或許可以說是現代中國哲學成果最豐碩的時期。在享受不完全的自由且與時代潮流對抗的同時，誕生了這群現代意義上的哲學家們。依筆者所見，其中最成功地將中國哲學傳統與西方哲學精神系統性結合的系統哲學家，當屬當時被視為中國哲學界第一人的金岳霖。

金岳霖的知識論與本體論

金岳霖年輕時留學美國，以托馬斯．格林（Thomas H. Green）為研究主題並取得政治學博士學位，後又留學英國，專攻英國經驗主義與邏輯學。回國後先後在清華大學、北京大學、中國社會科學院出任教授，研究主題為邏輯學，以現代中國哲學史上第一位建立完整知識論而聞名。

除了邏輯學的著作，他還撰寫了《知識論》（完成於中日戰爭之際，但經過手稿遺失等迂迴曲折，長達七十萬字的版本直到過世前的一九八三年才得以出版）與《論道》（一九四〇年）等兩部重要著作。有鑑於知識論在中國哲學的傳統中不若在西方般發達，他在吸收阿爾弗雷德．懷海德

（Alfred N. Whitehead, 1861-1947）、伯特蘭・羅素（Bertrand Arthur William Russell, 1872-1970）、路德維希・維根斯坦研究成果的同時，也將西方哲學的邏輯方法作為自身哲學的基礎，撰成了畢生大作《知識論》。

在他的著作中，它以嚴密的邏輯方法論述知識的由來、知識的形成、知識的可信度，以及正確與否的判斷基準，建構了宏大的知識論體系。因為這本著作，學界給予他極高評價，認為他改變了中國過往的哲學型態。透過使用邏輯分析性方法，他強調思想的明晰度與嚴密度，通常他被認為不僅繼承了西方哲學家的問題意識，並加以發展。簡要而言，他在該書中嘗試回答的，就是「知識究竟是什麼」這個問題。此書相當不易閱讀，但它被許多學者推薦給想要思考知識是什麼的人的必看之書。這本經典作品堪稱現代中國知識論的礎石。

《論道》是金岳霖哲學的本體論——用他自己的話說，就是「元學」，是天地與我並生，萬物與我為一的學問——乃以「道」、「式」、「能」等來自道教的概念作為基本範疇，運用西方哲學的邏輯方法，建構出獨特的本體論。他認為，中國思想中最崇高的概念是「道」，思想與感情最根本的原動力也是「道」。換言之，「道」是哲學的最高概念或最高境界，也是宇宙，或者人類對宇宙的理解。

在此書中，為了闡明「道」，金岳霖逐一撰寫各個命題，並為每個命題添加說明。這在中國哲學家中算是較罕見的手法，採取宛如史賓諾莎的《倫理學》般的幾何學手法。這點可說是為中國現代哲學的方法論帶來了革新性的影響。

在西方哲學與中國哲學之間

眾所周知，傳統中國哲學普遍重視基本體驗與感受，而輕視邏輯學。然而，金岳霖之所以在中國哲學家中格外突出，是因為他在方法論上有意識地以西方哲學的理性主義為基礎展開思考。同時，他也採取了一種將中國哲學與西方哲學同時納入視野的思維方式。金岳霖的知識論並非「中國式的知識論」，而是在中國語境中產生的知識論，是普遍哲學的產物。相對而言，正如他的友人馮友蘭在《中國現代哲學史》第八章中所評價的，金岳霖的本體論融合了「現代化與民族化」的特點。馮友蘭在晚年甚至以「道超青牛，論高白馬」（思想超越老子，論辯更勝中國古代邏輯學代表人物公孫龍）高度稱讚金岳霖作為哲學家的成就。

這個時代的許多中國哲學家，將西方哲學、中國哲學與印度哲學視為哲學的三大傳統，主要以西方哲學和中國哲學為視野，並偏重其中之一來發展自身的哲學體系。在中國歷史上，這些哲學家首次展現了如此宏大的視野，甚至在某些方面超越了後世學者。正如福澤諭吉所言

「兩世為人」[1]，在這樣的過渡時期，他們肩負著古代文明的傳承，同時熱切地吸收西方文明的精髓。不同文化的基淤文明，但作為接受過西方文化衝擊的世代，他們切身體會到接受西方理性主義和其他哲學思想的必要性。這種情況，在張東蓀等人身上同樣明顯體現出來。

一九四九年中華人民共和國成立，徹底改變了中國本土哲學思想界的面貌。中國哲學家不再能以獨立的立場進行哲學闡述與研究，而必須遵循被視為正統的意識形態。即使是如金岳霖這樣崇尚希臘精神的哲學家，也在一九五〇年代訪問牛津大學時，以「哲學是社會實踐的指南」為題發表演講，主張唯物辯證法和歷史唯物論才是改造世界的正確指導方針。

然而，在此之前的二三十年間，中國確實活躍著一些可被稱為哲學家的學者。他們全力吸收現代西方哲學，經過深入的探討與反思，真誠地思考如何與中國思想傳統共存或對其展開革新，以此創造出新的哲學體系。他們雖然試圖將哲學發展到世界級的水準，但或許未能對世界產生深遠的影響。然而，不可否認的是，他們是真正的中國現代哲學的開創者，並創造出了具有哲學特質的現代哲學。

三、現代哲學的再登場與一九八〇年代的文化風潮

擁抱現代思想的中國思想界與讀書人

一九四九年以後，當中國的官方哲學轉成馬克思主義－毛澤東思想，上述的學者們也被迫扭轉他們的意識形態。他們被要求清算自己的「布爾喬亞式思想」，並「轉向」馬克思主義。儘管當時有些中國哲學家如張東蓀，直到最後都拒絕思想改造，在困頓中過完一生，但大多數人更弦改張，將馬克思主義作為自己哲學探究與價值判斷的基準。

在這種哲學發展極其艱辛的狀況下，中國現代哲學基本上停滯了三十多年。不過，即便在文化大革命期間，德希達相關的新文獻也剛進入中國，與外界的聯繫並未完全被切斷，但確實難以進行正式的哲學研究。這種情況隨著文化大革命結束後的改革開放，而發生巨大的變化。

進入一九八〇年，隨著以經濟改革為核心的改革開放，包含現代哲學在內的外國文化思想再度排山倒海般地進入中國。就哲學而言，現代哲學是最受關注的範疇，過往除了馬克思主義，先進國家的其他思想都被歸類為布爾喬亞思想而被排除，此時卻被許多渴求知識的中國讀

1　譯註：原文為「一身にして二生を経る」，字面意思為「一個人在同一個生命中經歷了兩種不同的生活或身分。」出自於福澤諭吉在《文明論之概略》序言中，對自我人生的回顧。

者猛烈地追求，其中最著名的有弗里德里希・尼采、馬克斯・韋伯、恩斯特・卡西勒、尚－保羅・沙特、西格蒙德・佛洛伊德、海德格、卡爾・波普（Karl Popper）、埃里希・佛洛姆（Erich Fromm）等，他們成了照耀中國的哲學思想巨星。世界主要的百年思潮在時隔約半個世紀後，重新被引入中國這個大熔爐，中國進入了近現代史上第二次的啟蒙時期。

在中國正從鎖國狀態開始邁向開放的時期，與其說創造現代哲學，不如說主要特徵仍然是引進與研究現代哲學。雖說在人才上出現了些許斷層，但幸運的是，尚有一些在一九四九年前的中華民國時期崛起並成熟的哲學家。其中包括師從海德格的前北京大學教授熊偉（一九一一－一九九四），以及同為北大教授，師事摩里茲・石里克且身為維也納學派中唯一一位中國學者的洪謙（一九〇九－一九九二）等。在他們的指導下成長的年輕學者們成為中流砥柱，出版了各種哲學思想的譯著，甚至可以說貪婪地輸入包含日本在內的先進國家哲學思想。

從人文主義的復權到後現代

在文化大革命時期，許多人因政治原因受到迫害，那正是一個人文主義面臨危機的時代。作為對那個時代的反動與反省，存在主義在改革開放後立即吸引了眾多讀者的目光，如新康德派的代表作，打造象徵形式哲學的卡西勒的《人論》。此書不完全是以人文主義為核心的著作，但僅因書名中有了一個「人」字，遂成了一本哲學暢銷書。引薦翻譯此書的，正是石里克的弟子洪謙。

關於卡繆（Albert Camus）與沙特，不僅在戲劇與小說方面，他們的哲學書籍也受到許多中國讀者的歡迎。沙特的《存在與虛無》讀起來並不輕鬆，但仍然廣受社會上的歡迎。海德格認為自己的哲學並非存在主義，而且拒絕被貼上標籤，但也備受中國讀者喜愛。即便中國對政治問題相當敏感，但沒有人去追究他曾與納粹合作的過往，其著作《存在與時間》賣出多達了十萬冊。至於為何能暢銷，歸根究底還是人們對人類存在的高度關心，對人類價值的肯定以及對恢復人文主義的捍衛都是重要的理由。

給海德格巨大影響的尼采，其翻譯與學術書籍也在中國熱銷，這大概也與對尼采價值的重新評價有關。在此之前，尼采在中國一直被視為影響法西斯主義的哲學家，基本上受到了批判的態度，但今日情況已經發生了變化，尼采被重新評價為一位肯定生命的偉大哲學家。中國當代著名作家魯迅就深受尼采的影響，在那之後尼采也成為最多現代中國讀者接觸的西方哲學家之一。

給現代哲學帶來重大影響的佛洛伊德，也是此時期受到廣泛歡迎的思想家之一。在當時的中國，哈伯瑪斯也扮演著領導思想解放的哲學家角色，因為這位理論大師將佛洛伊德哲學與科學結合，被中國讀者們視為一種範本。其理由其實簡單易懂，因為在文化大革命最高峰、實行極左革命的時期，意識形態把壓抑個人慾望正當化，人們失去了人的特性和價值。當這種政治壓力放緩後，佛洛伊德的許多著作的問世，使人們又重新認識何謂「人」，以及人類的慾望究竟是什麼？

在這個時期，後現代哲學思想也被引入中國，傅柯與德希達的名字逐漸為人所知。不過，由於改革開放是時代的潮流，中國的現代化成為此時代的最高目標，因此引進的現代哲學基本上都與現代性（modernity）有關。同時，關於反思二十世紀的現代哲學也獲得大量研究者與讀者的關心。

例如，法蘭克福學派早期的主要成員埃里希·佛洛姆，雖然如今比較少人閱讀，他的一系列著作結合馬克思主義與佛洛依德理論，對中國讀者而言非常新鮮。這或許是因為人們對馬克思主義有了另一種解讀的方法。自由是什麼？克服幻想，實現真正的自我意味著什麼？被迫過著亡命生活的佛洛姆，其堅韌的思索確實回應了當時中國讀者的需求。

「青年導師」李澤厚

一九四九年後在中國成長的李澤厚（一九三〇—二〇二一）是這個時期的重要哲學家。中國現代哲學的創始者們因為長年的政治運動，基本上只能停留在翻譯西方哲學的層次上，李澤厚便是在這種鎖國的時代中成長、成名，成為代表性的哲學家。他的與眾不同之處在於，當中國的整體思想都被如毛澤東般「哲學王」所統一的時代，他卻以馬克思主義與康德哲學作為自己的思想根據，尋求自己的哲學。文革期間，他開始研究康德哲學，而在文革結束不久後，旋即出版了康德哲學的研究書籍《批判哲學的批判》（一九七九年），成為思想啟蒙的先鋒。

李澤厚指出，康德哲學的成就在於超越了以往所有的唯物論者與唯心論者，在哲學史上首次關注主體性問題。康德哲學的價值與意義不在於「物自體」中的唯物論要素——當時的中國哲學界還在激烈地爭論唯物論與唯心論——而毋寧是在他的先驗體系。在他的先驗性體系中，康德提出了人類的主體性問題。由此，李澤厚將人類的主體性問題與康德哲學連結起來進行討論。

在李澤厚看來，如果一切都依照黑格爾那樣從邏輯化、知識論來進行探究，個人的存在便會被遺忘，成為歷史發展中微不足道的枝微末節。那麼，人類的存在及其創造歷史的主體性將會遭到埋沒，或者將被刻意遺忘。黑格爾的泛邏輯學主義與理性主義給現代的馬克思主義產生不良的影響，不僅使人忘卻人類的存在，也遺忘了倫理學的問題。用他的話來說，就是「重視個體實踐，從宏觀歷史角度來看，就是重視歷史發展中的偶然。從黑格爾到馬克思主義，都不恰當地強調了歷史的必然性，並傾向於將其視為宿命，忽視了個體、自我的自由選擇及隨之而來的各種偶然性的巨大歷史現實和後果。」（〈康德哲學與建立主體性論綱〉，收錄於《實用理性與樂感文化》二〇〇八年）

整體來說，他的立場是既反對非決定論，也反對否定個人主體性的完全決定論。他以康德哲學研究的形式表明了這種立場，並盡可能不超出馬克思主義的框架，在可能的範圍內自由思考。這種論述可以看出與以賽亞・伯林（Isaiah Berlin）或雷蒙・阿隆（Raymond Aron）對正統馬克思主義的批判的相似之處。

為了如前述般主張、擁護主體性，李澤厚引領的研究為美學。根據他的說法，美的本質是人類本質最完整的體現，美的哲學可謂人類哲學的最高峰。「美作為自由的一種形式，是合乎規律和合乎目的性的統一，是外在的自然的人化或人化的自然。」（同前揭論文）大約一百年前，蔡元培就主張了以美學代替宗教，李澤厚也抱持類似的想法，因為他對美學的大力推動，讓一九八〇年代的中國出現世界上罕見的美學風潮，宛如美學獲得了第一哲學的地位。自不待言，這是因為當年剛「解凍」的言論環境使然。

一九八〇年代，李澤厚接連發表了《美的歷程》、《中國古代思想史論》、《中國現代思想史論》、《中國近代思想史論》等著作，被稱為「青年導師」。他在中國所扮演的角色，大概類似戰後的丸山真男在日本所扮演的角色。

錢鍾書與牟宗三

作為哲學家，錢鍾書（一九一〇―一九九八）雖不若李澤厚般活躍，但此處仍簡單介紹這位不可多得的學者。因為他的父親是中國古典學者，錢鍾書自小就接受良好的古典教育，二十多歲時曾前往牛津大學與法國索邦大學留學。一九四九年之前，他已經發表了《談藝錄》與《圍城》（日譯《結婚狂詩曲》）等作品，但一九四九年之後，他長期傾心於包含西方哲學在內的人文科學研究。文革結束後不久，他的四冊《管錐篇》（一九七九年）付梓，成為他生涯的集大成之作。這是他對《周易》、《老子》等十部中國古典的評論集，以中國傳統筆記的形式撰寫而成。書中他充分運用古今東西的文學、社會學、哲學、歷史學等學問，以「東海西海，心理攸同；南學北學，道術未裂」（東西方人類心理相同，學問思想也相通）為宗旨，對東西文明展開宏大的批論。

他把從西方古典哲學到解構主義思潮為止的所有內容納入視野，展開深入的思索，最終凝結為現代中國最具卓越的文化哲學。如果在西方，他便是類似埃里希・奧爾巴赫（Erich Auerbach）或恩斯特・羅伯特・庫爾蒂烏斯（Ernst Robert Curtius）般的大學者，堪稱自一九四九年以來中國普遍性思想人文學的標竿。

如果將視野拓寬到中國以外的華語世界哲學家，他們的發展又與中國的哲學有所不同。此處無法一一介紹，但筆者在此簡要介紹其中最具代表性的哲學家——牟宗三（一九〇九—一九九五）（參考本書第九章）。牟宗三受熊十力的薰陶而開啟學問之途，早年也修習伯特蘭・羅素的邏輯學等，日後成為新儒家的集大成者，同時也以翻譯、研究康德哲學而聞名。

牟宗三認為，康德哲學與儒學之間存在著共通點，他一手譯完康德的三大批判，試圖架起中國哲學與西方哲學的橋梁。依照牟宗三的說法，西方哲學中最具價值的是康德哲學。在政治上，他捍衛民主與自由，堅持在傳承儒家傳統中發展科學與民主。一九四九年以後，牟宗三離開中國，成為活躍於台灣和香港的學者，被高度評價為最具獨創性的哲學家，主要著述有《心體與性體》（一九六八年）、《現象與物自身》（一九七五年）等。

四、中國現代哲學的新潮流

從市場經濟的巨浪中重新出發

一九八九年的天安門事件，宣告了中國一九八〇年代新啟蒙時期的結束，從一九九二年開始，中國進入經濟高度成長期。被稱為「青年導師」的李澤厚也如中國古代先賢般，渡海前往美國尋找新的思想傳播地，此時，中國的現代哲學進入了新的轉型時期。

與大多數預期相反，此時期的中國哲學迎來了學術輸入與研究更加繁盛的階段。問題的關注點與一九八〇年代有所不同，更加聚焦於廣泛介紹並研究符合中國自身問題意識的現代哲學。在此過程中，人們不再僅僅停留於引入學術，而是開始逐漸意識到如何構建中國獨特的現代哲學這一課題。接下來，讓我們一同探索其中的幾個發展脈絡。

現象學作為二十世紀二大哲學思潮之一，在日本的介紹和研究已約有一百年的歷史，但中國則是直到這個時期才有許多重要著作的翻譯，並出現了結合中國傳統哲學來研究現象學的趨勢。不只胡塞爾與海德格，連梅洛―龐蒂或列維納斯等非德國的現象學家的著作也被翻譯，並被許多研究者深入鑽研，從而在中國哲學界掀起熱潮。

此時期最重要的譯者兼研究者倪梁康認為，胡塞爾的現象學研究方法和研究領域的開放，使中國研究者超越了特定的區域文化，達到包容其他思維方式與文化的層次。換言之，因為胡塞爾稱之第一哲學的現象學的導入，中國現代哲學變得更加豐富。倪梁康本身也主張，中國哲學界應當吸收並累積更多的世界哲學，準備新的創造。倪梁康也預測，現象學在中國的影響程度，可能達到有如唯識／法相宗般的高度。為了研究現象學，倪梁康與一群同樣有志於現象學之士發行了名為《中國現象學與哲學評論》的研究期刊。

比起胡塞爾，對其弟子海德格的研究更是有過之而無不及。接續一九八〇年代，人們對海德格哲學的關注程度居高不下，即便存在政治問題，他依舊是現代哲學大師，對二十世紀的思想界帶來巨大的影響，這也是他的哲學在中國受到重視的原因。這段期間，在翻譯與研究他的著作的同時，他的哲學與東亞哲學之間的關係也開始引起人們關注，這或許是因為他們開始關注理性主義與現代化帶來的負面遺產，而不是一切都從現代化的觀點出發。

中國的學界都熟知，海德格曾與一位曾經留學德國的中國學者共同翻譯老子的《道德經》，一些海德格研究者將海德格塑造成「東亞聖人」的形象，更將其研究與中國的天道進行比較。也許是因為中國和日本相同，在近代之後注定要接納強大的西方文明，被迫追趕與超越，但批判西方哲學傳統的海德格似乎讓中國的現代哲學研究者產生一股親切感。

對現代哲學的關心不曾冷卻

這一時期，針對法國後現代各學派的研究也正式開始。二十世紀二大哲學思潮另一重點——分析哲學，在中國也獲得重視。前述的李澤厚曾於一九八〇年代提到以分析哲學的嚴謹性改正中國式思考的必要性。或許並非此緣故，但維根斯坦等其他分析哲學家們在中國也越來越為人所知，也出現了使用此種方法來研究政治哲學等領域的年輕學者。距離前文提及的金岳霖觸及維根斯坦哲學的時間點，這已經是超過半世紀後的新的起點。

在這個經濟高度成長的期間，如李澤厚等「青年導師」被迅速遺忘，過往曾擁護啟蒙思想的團體也分道揚鑣，人文思想的價值堪憂，不過，不可思議的是人們對現代哲學的關心卻一直不曾冷卻。在全球化浪潮的推動下，國際交流蓬勃發展，在此期間，保羅・利科（Jean Paul Gustave Ricœur）、哈伯瑪斯、德希達、理察・羅蒂（Richard M. Rorty）等著名的現代哲學大師們接連訪問中國。他們帶來的影響肯定超越了距今一百年前伯特蘭・羅素訪中時的影響。過往泰半的中國讀者僅能透過書籍接觸現代哲學，而能與這些哲學家們直接交流，給予中國現代哲學發展不可估量的影響。

尤其是德希達與哈伯瑪斯，他們颳起了宛如巨星般的旋風，他們在各地演講，讓中國哲學界與一般讀者留下深刻的印象。一如文字表面的意思般，這無疑是中國現代哲學發展中一個充滿刺激的現場，也是最具意義的學知交流。

德希達與哈伯瑪斯訪中的意義

德希達於二〇〇一年訪問中國時，在北京大學的演講中深入探討了「寬恕」的概念，並闡述了他對「無條件大學」的理解。這場講座就像是將解構主義的思想帶進了中國的學術領域，激發了熱烈的討論。德希達的解構理論在中國引起了廣泛的關注，擁有不少追隨者，同時也面臨來自不同學術界的反對聲音。除了文學評論領域，許多專注於現代哲學的學者也對德希達的理論表現出了濃厚的興趣。在這樣的背景下，德希達與中國知識界的互動交流，無疑成為了研究的熱點。

例如，曾與德希達對談的中國著名思想家王元化（一九二〇—二〇〇八），在聽聞德希達關於中國哲學的發言後，他反駁道：源於希臘的西方哲學與始於先秦時代的中國哲學，雖然在思維方式與表現手法上有所不同，但探究的問題並無太大差異。雖說在中國邏輯學的傳統並不發達，但在《墨子》等經典文本中仍可見到許多類似的思考。問題在於，漢朝獨尊儒術，阻礙了其他思想流派的發展。我們不清楚德希達是否因此被說服，但透過這樣的對話，應該加深了雙方對不同哲學傳統的理解。

哈伯瑪斯於同一年的中國訪問引發了研究馬克思主義的學者們的高度關注，這或許與他在西方被視為馬克思主義學者有關。自一九八〇年代以來，中國開始介紹並研究第一代法蘭克福學派，並且有不少學者對哈伯瑪斯產生興趣。哈伯瑪斯的「溝通行動理論」與「審議式民主」的理念在中國也引起了討論。在中國的講座中，他不僅分享了自己的哲學觀點，還探討了人權、全球化、民主等重要的時代課題。與德希達相似，哈伯瑪斯在中國的演講吸引了大量聽眾，儘管偶爾會有質疑聲音，大部分時間他仍能成功吸引聽眾的注意，激發深入思考。

回顧這段歷史，羅素與杜威無疑是第一批訪問中國的現代哲學代表人物，而大約八十年後，這兩位偉大哲學家的訪中意義更顯重大，因為它們發生在中國逐步開放的時代（其具體意義與德希達訪中相似，詳見我在《中國閱讀的現代思想》中的討論）。這些訪問無疑對促進中國成為一個更加開放的思想空間起到了重要作用。

投向政治哲學的熱切目光

在談論中國現代哲學時，還有一個不可忽視的現象，那就是人們對政治哲學的高度關心。就筆者看來，這也是構成中國現代哲學的重要一環。一九九〇年代以來，幾乎所有歐美知名的政治哲學流派、代表性的哲學家及其主要作品都傳入了中國並獲得討論，時而甚至是更激烈的論戰。這應該也是一種時代的需求，換言之，現代中國應邁向何方的這個問題，正引起許多哲學家的關心。

在一九四九年後的中國，這類問題通常不屬於普通學者的關注範疇，因為當時有一位如「哲學王」般的領袖存在，其他人只需統一思想即可。然而，隨著時代發展，儘管國家意識形態依然存在，其影響力已大幅減弱。在這樣的背景下，對新的哲學思想的需求日益迫切。為了在某種程度上影響權力的運作，各種政治哲學形式從左派到右派，如新左派、自由主義、保守主義等，紛紛展開了深入的研究與討論。

在一九九〇年代，自由主義一度在大學和大眾傳媒中成為主流，然而隨著中國經濟的迅猛發展和大國崛起，國族主義思潮逐漸興起。在此背景下，卡爾・施密特（Carl Schmitt, 1888-1985）的政治哲學與法學開始受到關注，同時還有身為自由主義批判者的列奧・施特勞斯（Leo Strauss, 1899-1973）。與一九八〇年代以實現現代化為目標、熱中於吸收西方現代文明的趨勢不同，這一時期出現了回歸並深入研究西方文化根源的思潮。越來越多的人開始研究西方古典哲學，並將其與現代哲學相結合，思考當前所需的哲學。列奧・施特勞斯認為政治哲學是最為核心的哲學領域，受到他影響的中國學者在近年來也開始呈現出相似的研究趨勢。

概觀而言，當前中國的哲學思想仍處於積蓄力量、為下一次突破做好準備的階段。由於難以想像中國會再次與世界隔絕，因此我們理應對中國的現代哲學發展抱有遠大期望。無論如何，作為擁有悠久文明歷史的國家，中國在進入近代後，已經積累了長期向日本及歐美學習現代哲學思想的經驗。作為一種試圖回應時代問題的哲學，中國哲學仍然具備巨大的潛力。

延伸閱讀

朝倉友海，《「東亞沒有哲學」嗎：京都學派與新儒家》（岩波現代全書，二〇一四年）——這部力作揭示了京都學派與新儒家哲學，並探討了東亞哲學嶄新發展的可能性。

王前，《中國閱讀的現代思想》（講談社選書métier，二〇一一年）——在此請容筆者推薦自己的著作。本書藉由考察一九八〇年代以後中國思想界、學術界如何吸收來自日本與歐美現代思想，概觀當時的思想發展狀況。

Qian, Zhongshu（錢鍾書）Limited views : Essays on ideas and letters（trans. by Ronald C. Egan, Harvard University Press, 1998）——《管錐編》的英文節選譯本。可以一窺錢鍾書恢弘的學問世界。

勞埃德，金山彌平等人譯，《古代的世界 現代的省察：對希臘及中國科學、文化的哲學觀點》（岩波書店，二〇〇九年）——勞埃德是古典研究領域的權威，精通希臘哲學與中國古代哲學，於此書進行社會人類學、民俗學、認知科學、心理學、語言學等學識專業的撰寫，不只對古代哲學予以比較研究，也提出古代哲學與今日人類面對的問題之間的關聯性，提出了重要的見解。

專欄三

人工智慧的衝擊　久木田水生

自二十世紀中葉起，人們開始以AI（人工智慧）之名探求人類（或者其他生物）所執行的智能性作業，不斷嘗試將其自動化。這對企圖解答「什麼是智能」、「什麼是思考」、「什麼是心」等問題提供了新的觀點，也給哲學帶來了重大的衝擊。

回顧人工智慧的歷史，其中有數個範式（paradigm）的興衰起伏，第一種也是最主要的一種是「符號性AI」，它透過為計算機提供明確的符號操作規則來模擬智能推理。這種方法適用於計算與邏輯推理，但在執行非常簡單的現實世界的問題，例如以自然言語做出適切的應答、避開障礙物移動、認知對象並加以分類等等，則有困難。

在一九七〇至八〇年代第二次AI浪潮中，出現了幾種新的取徑。專家（屢屢不自覺地）讓計算機學習專家自身習得的背景知識，並從中導出有利的判斷，稱之為「專家系統」（Expert System）；階層式構成具備物體身體的系統，透過與外在世界及各單元間的互動，進而採取適切行動的「包容式體系結構」（Subsumption Architecture）；採用類似神經細胞網絡的形式，讓計算機學習面對輸入的特定模式能夠做出正確的輸出，稱為「神經網絡」（Neural Network）等。這些發展使人們認知到人工智慧的多種多樣，傳統上所重視的語言能力與邏輯推理僅是其中的一小部分而已。

從二〇一〇年代初期持續至今的第三波AI浪潮是由「深層學習」（Deep Learning，上述神經網絡的更進一步發展）技術引發的。這項技術發展的背後存在著硬體功能提升，網際網路與智慧型手機產生多樣且大量的資料可以容易被運用等要因，基於這些資料計算機得以預測人們的行動與嗜好，因此包含著巨大商機。現在的AI技術被運用在各式各樣的領域，如認識圖像或處理自然語言，又或者圍棋等遊戲等等，發揮出超越人類的性能。這種AI之所以引人關注，不僅因為它讓人們得以洞察人類及其他生物的智慧，也因為其暗示了這個地球上可能存在其他形式的智慧，確實饒富深意。此外，這波浪潮不止於學術上的研究興趣，也對產業、經濟、醫療、教育、軍事、政治等所有社會層面都產生了深遠的影響，當今許多哲學家和理論學家都在認真思考人工智慧對人類生存方式、社會型態帶來的衝擊。

CHAPTER

eight

第八章

日本哲學的連續性　上原麻有子

日本哲学の連続性

一、前言

何謂「日本哲學」一直是人們討論的議題，但其概念定義未能達成統一，長期處於模糊的狀態。這其中的一個原因可能是，由於東西方異質文化的交會，日本哲學展現出具有世界性的特質。當然，「日本哲學」這一名稱有多種視角可以詮釋，但無論哪種觀點，都圍繞著東西文化接觸這一關鍵點。近年來，許多重新探討日本哲學的著作相繼發表，其中不乏具有啟發性的例子。一種觀點認為，「世界哲學」是「來自各種傳統、文化、語言的哲學相遇、對話的『場域』」，而日本哲學正是這一「多元對話」的參與者之一。（Bret W. Davis，〈何謂日本哲學〉，《日本哲學史研究》，第十六號，http://www.nihontetsugaku-philosophiejaponaise.jp/）

神道、佛學、儒學、國學等在近代之前積累的知識是否應視為「哲學」，這一問題使得「日本哲學」的定義更加複雜。基於此問題，本章將討論「日本哲學的連續性」，並將時間範圍限定在近代之後。簡單來說，這一特徵可以用一句話來概括：超越西方近代哲學所特有的主觀與客觀、心與物的二元對立，從包含自我否定的自我矛盾中展開的連續性。

明治初期，啟蒙思想家西周將「philosophy」翻譯為「哲學」，並開始在日本扎根，開啟了「哲學」這一學術領域。隨著「哲學」一詞的出現，明治時期的學者們得以從事「哲學」的研究，並在此語言與詞彙的發展背景下，逐漸意識到「哲學」的存在與重要性。本章將以此背景作為討論「日本哲學」的前提。

船山信一（一九〇七—一九九四）指出，明治哲學作為哲學發展當中一個階段，以唯心論作為其核心，將西周、井上哲次郎、西田幾多郎等諸位置於其發展的軸線上。當然，西周並非唯心論者，反而是接受實證主義，並試圖在這個立場上將西方哲學及學問體系化。根據船山的說法，「日本哲學之父」西周是「日本唯心論史」上必然要提及的哲學家。因此，本章將西周定位在日本唯心論持續發展的起點。此外，井上將唯心論建構為「現象即實在論」，他是日本唯心論哲學的確立者，而西田則為「現象即實在論」提供理論基礎，可謂「日式唯心論」的集大成者。因此，船山對這兩位哲學家給予高度評價（《船山信一著作集（第八卷）》）。

船山信一對近代日本唯心論的研究，專注於追溯「日式唯心論」的「理論性格」與「理論發展」。他不僅整理並區分了各個唯心論的系譜，還發現了它們之間的理論連續性。船山認為，西周所依據的實證主義是「分化」唯心論與唯物論的「根源」。基於這一觀點，本章將分析西周至井上哲次郎、西田幾多郎在日本哲學的發展，並強調它們之間理論的連續性。

二、唯心論開展的起點

以統一諸學為目標的明治學者

西周（一八二九—一八九七）在日本哲學史上的學術貢獻極為重要。他翻譯了「理性」、「觀念」、「實在」等多達七百八十七個學術用語；介紹了孔德（Auguste Comte, 1798-1857）的實證主義；將約翰・史都華・彌爾的著作《利學》（原名「Utilitarianism」，又譯《效益主義》或《功利主義》）翻譯為漢語；在私塾講授《百學連環》，提出了統一自然科學與人文社會科學等學問的構想；以及他在邏輯學方面的開創性著作《致知啟蒙》等等。其中西周所探討的核心問題，可說是對「理」的探究。

西周對「理」的研究導入了津田真道（一八二九—一九〇三）的「理性」概念，又以孔德的實證主義哲學為基礎，持續以自己的方式將「理」概念化，同時構思具備一致性的科學，並循此方向開展思想（井上厚史，〈西周與儒教思想：關於「理」的解釋〉《西周與日本的近代》）。此處，我們將參考他在深受孔德影響下發展獨創思考的《生性發蘊》（約一八七三年執筆），以及以「理」為核心思想的《尚白劄記》（約一八八二年執筆），確認他的「理」思想。

西周吸收西方哲學的動機之一，是為了穩定社會秩序、塑造國家並思考福祉；另一個動機則是學術本身，即統一「百科全書式的學問」。那麼，西周對於「理」的追求是什麼呢？根據西周的說法，孔德將各種學問加以分類、整理，並歸納為五種基本學科：「天文學」、「格物學」（物理學）、「化學」、「生體學」（生物學）以及「人間學」（社會學）。這五種學問所涉及的現象，依據各自的「理法」來界定。所謂的「理法」，從西周的「註解」來看，可理解為「自然法則」（natural law）的翻譯，指的就是「具因果關聯的事物」。

心理、物理、生理的差別？

對西周而言，孔德哲學中的「生理」與「性理」是互相關聯的，但他並未能充分理解這個問題。他嘗試理解並貫徹西方近代哲學中的二元論及其意義。在這個過程中，西周借鑑了日本既有的儒家思想，特別是宋儒的「理」，作為他理解並接受西方哲學的知識框架。這種「生」與「性」，正是表現於他著作《生性發蘊》中的關鍵詞彙。在《孟子》中，告子曾說「生之謂性」，西周似乎正是基於這一點來理解並構建他的哲學思想。

所謂的「性」，意指不能扭曲、不可改變，與生俱來之物（三枝博音，《日本哲學思想全書 第二卷 思想思索篇》）。而「生」就是「性」，指的是與生俱來的生物學、生理學特徵。根據孔德哲學的分類概念，對其比較和解釋，西周將「性」理解為「心理」，將「生」理解為「物理」。並將所謂的「生性」視為「生理學」和「性理學」（psychology，即「心理學」）（小泉仰，《西周與歐美思想的相遇》）。「生性發蘊」，即是「以實質的理法為本，以生理為據，打開理性，據此統括人類學的底蘊奧義。其源即發於此。」（西周將此處「實質」的發音寫作「マテリ二」，應是「matter」的音譯）他關注的是把「肉體之學」的「生理」與「精神之學」的「性理」彙整建構出一套「統一科學」，並闡明將兩者聯繫在一起的「理」。

「以生理為據，打開理性」的說明意味著，「實質」、「物」的理法乃根本，只有從此處才能發展「心理」。簡單來說，西周認為，「實理哲學」（實證主義哲學）是當時哲學史上的新哲學，它是從「物理諸學」發展而來的研究。在「實理哲學」中，人們由觀察「事實」開始，最終得出確定的「理」。

這種基於孔德的「理」發展意味著文明的開化和人類世界的進步。西周說明，「理」是實現進步的基本原理。這又另外開啟了「理外之說」、「超理之說」、「實理之說」。「理外」階段相當於「神理學」（theology，神學），由「理外」的「森羅萬象」所構成。「超理學」（metaphysics，形上學）則被定位為連接兩者的「過渡進程」，介於「理外」與「實理」之間。接著由「理外」轉移至「觀念」或「想像」的力量，這種力量中具備各自的「實體」，並產生各種現象。最終階段的「實理學」則僅以「萬象」為對象，但其中具有「理法」（natural law）。它根據現象之間固定的關係，對「所有的現象加以分類」，進而「發明了理法」。

理外之理

不過西周並不滿足於以《生性發蘊》來理解與解釋實證主義哲學，他更進一步追求將「物理」與「心理」「相連結之理」。於是他提出了「理外之理」之觀點，這個自相矛盾的表述似乎綜合了前述的「理外」、「超理」、「實理」。這是西周對宋儒之「理」的重新解釋。宋儒思想認為「自天地風雨至人倫上的行為，皆存在一定不變之天理」，對此，西周將「理」重新解釋不能以「常理」來討論之物；「理」不能被視為實質意義上的「一種東西」（《尚白箚記》）。其原因是，「只要有現象或者有作用」就必然產生「常理」，但「理」不必然與「事實」相對應。根據西周的說法，這是因為「符合該當事實的精確理由」尚未被發現。例如，將橘子平均分成兩份時，我們可以從數量、大小、酸度等所有觀點判斷，質疑「真的平分」是否可能？如果能發現這樣的方法，那我們就掌握了二等分的「理」。

然而，當一個人理解「理」的時候，「僅能在某種程度上稍微理解它的『通常』或大概」。西周此處關注的並非討論作為實體的「物」與「理」，而是關於「我」與「理」的思維，也就是「此觀」（主觀）。透過西周對西方「致知學」（邏輯學）的理解可以闡明此點。所謂的「此觀」指的是「思考自身的理」。西周說明的「致知學」是在把物當作對象來看之前便「思考其道理」的學問，「知理」指的是對自身深刻反省的思維。從中或許也能窺見日後西田所構築的「純粹經驗」哲學。

森羅萬象之「理」是理之外的理，對此，人可以推測性地理解「自身知識所不能及」的東西。然而，西周卻特意使用「理外之理」這個自相矛盾的表現來主張自身的立場。這被理解為一種從「無」中生出「常」與「有」的動態性思考。西周認為「理外」、「超理」、「實理」都是沿著一定的方向前進的，它是一種循環，非固定不變的。並且西周深信，其原動力不是「物理」，而是在於「心理」，或者說是「性理」。

三、現象即實在論的確立

井上哲次郎與日本學術哲學的開端

井上哲次郎（一八五五—一九四四）是東京帝國大學教授，深受德國唯心主義的影響，並在學術界的哲學教育與研究發展上做出了重要貢獻。他在引進東方哲學的研究方面，扮演了先驅的角色。井上的成就包括編纂《東洋哲學史》及《哲學字彙》（哲學用語辭典）；出版《倫理新說》、古代希臘哲學的《西方哲學講義》、印度哲學講義、《釋迦牟尼傳》，以及三部曲《日本陽明學派之哲學》、《日本古學派之哲學》、《日本朱子學派之哲學》。此外，他還研究支那哲學，並在東京帝國大學文學部設立神道講座。（《井上哲次郎自傳：學界回顧錄》，一九四三年）

井上哲次郎實際上是首位向學術界介紹西周哲學的學者。他在麻生義輝（一九〇一—一九三八）的《西周哲學著作集》（一九三三年）中撰寫了序文。儘管在序文中提到了西周翻譯約瑟·哈文（Joseph Haven）的《心理學》（*Mental Philosophy*），但井上本人並未將這本書與亞歷山大·貝恩（Alexander Bain, 1818-1903）的《心理新說》在思想上予以聯繫。井上對西周思想的評價中指出，西周「並未提倡演化論」，也「未採取唯物主義立場」，但他認為，作為一位理想主義者，西周卻過於傾向經驗主義與實證主義。井上將自己的立場定位為「理想主義」，並批評當時流行的「唯物主義、機械主義、功利主義」，以及具有物質主義傾向的「演化論」。他更傾向於支持「精神的進化主義」，並對史賓塞（Herbert Spencer, 1820-1903）的演化哲學及其「不可知論」表現出濃厚的興趣。（《明治哲學界的回顧》，一九三二年）

在叔本華等德國哲學、演化論及「佛教哲學」的影響下，井上的思想傾向形成了所謂的「融合統一」方法論。透過東西方哲學的比較研究，他發展出了一種更先進的哲學思想，這便是「實在論現象學」。井上認為，「作為本體的實在」的觀點在哲學史上經歷了三個階段的演變，分別是「一元表面性的實在論」、「二元實在論」和「融合實在論」（即實在論現象學）。下文將進一步探討這些實在論階段的具體內容。

實在論的發展

井上說明，所謂「一元表面性」是指將「現象本身」當作「實在」，是實在論最初階的立場。井上從心理學家馮特（Wilhelm Wundt, 1832-1920）那裡了解到，「表象」（Vorstellung）與「被呈現者」（Das Vorgestellte）的區別，是在「哲學考察」中透過「辨別」來進行的，這一過程強調「原來同一」和「同體不離」。換句話說，「一元表面性的實在論」被認為仍處於比較素樸的認知階段。這種自然科學中的經驗事實，也可視為「素樸實在論」的體現。（〈認識與實在的關係〉，一九〇一年）

「二元實在論」的觀點認為「現象是表層，實在是裡層」，這一立場比「一元實在論」更具分析性。它主張實在是現象的本源，並且認為即使沒有現象，實在依然可以存在（〈我世界觀之一塵〉，一八九四年）。然而，井上對此提出批判，認為「二元實在論」將「實在」視為具有「空間性」的概念，這一觀點實際上是一種「謬誤」。（〈明治哲學界的回顧〉）

相較於這兩種實在論，井上主張的是「現象即實在論」。他將現象與實在區分為「從概念上來看的分析」與「從事實上來看的事實統一」，並將認識真實的「世界真相」作為目標。這就是井上的實在論。現象與實在的關係類似於「歧視與平等」的關係。世界的現象會受到「空間性或時間性上的歧視」，而釐清這種歧視的過程正是「感知作用」。雖然現象有各種細分與特殊性，但在根源上，所有現象皆有共通性。這就是作為「科學組成的」「分類」與「統一」。

像這樣被分類並統一的現象與實在，分別代表歧視與平等的兩個面向，亦可視為同一事物的兩面，像是硬幣的兩側。揚棄（Aufheben）超越了兩者之間的對立，達到「真實一元論」。井上稱之為「圓融相即」。「現象即實在論」具有濃厚的佛教色彩，根據井上本人回憶，這一思想深受原坦山（一八一九－一八九二）所教授的「佛書講課」影響。井上的「實在」與「真如」相似，帶有「內涵在現象中間」的含義。

因此，井上獨創的實在論被視為「現象即實在論」。從現象與實在這兩種觀點來審視世界，進而釐清其真相。

現象即實在論的特徵

此處有必要確認井上對「認識」這個問題的理解與論述。現象是可以認識之物，而實在則不可知。對現象的認識是透過「經驗認識」，因為現象乃「客觀世界」中的經驗。同時，若非得提及對實在的「認識」，那就是「超認識的認識」，其目的在於達到所謂的「睿智」。在睿智面前，實在作為一種「觀念」存於我們「腦中」。哲學不應侷限於「經驗」世界而排斥超越經驗的事物，而需以「實在的觀念」來加以闡明。再者，如果我們深入研究現象，則會突然轉變成倚靠直覺而達到實在。換言之，達到「真正的認識」與「睿智」，就是哲學的「職責」。

（〈現象即實在論之要領〉，一八九七年）

從上述內容可以看出，對井上而言，相較於知識論，實在論才是更為根本的哲學問題。哲學應該追溯至作為實在論「根本原理」的「現象即實在論」。在井上看來，現象是動態的，並且這種「動態的」現象與「靜態的」實在，在「動靜不二」的視角下，呈現為「同一主體的兩種面向」的結構。內在世界和外在世界所引發的活動或行動，則「包容主客觀」，並將兩者合為一體。從外界的物理現象到內心的心理現象，這些現象都是動態的。而這些活動或行動本身，就是「認識」的「本源」。井上一方面批判黑格爾的「絕對理性」缺乏發展的餘地，另一方面則強調他自己基於「動靜不二」的理念，追本溯源，認為這一理念具有無限的發展潛力。

船山所謂的「日本型唯心論」中的「日本」特色，可以概括為將西方傳統中建構的唯心論與實在論融合，並融入佛教的特色。井上本人也對此感到相當自豪。船山將其描述為「非邏輯的邏輯」，即現象即實在、觀念即實在的佛學「即」之理論。接下來，將繼續介紹另外兩個具代表性的現象即實在論。

井上圓了與清澤滿之

井上圓了（一八五八—一九一九）發展了一種比井上哲次郎更具佛教色彩的哲學。日本型唯心論的雛形，事實上誕生於圓了的《哲學一夕話》（一八八六—一八八七年）。在這本書中，他從佛學中取材，提出中道思想，強調「哲理的中道」。他認為，事物可能具有兩面性，但表裡之體最初應該是一體的，只是因為觀看角度不同才產生了表裡之差異。圓了的思考著重於探究並統一物心兩界的本體，這與哲次郎的現象即實在論有異曲同工之妙。

同時，清澤滿之（一八六三—一九〇三）在《宗教哲學骸骨》（一八九二年）中，參考了佛學理論與黑格爾的辯證法，提出了「有限無限論」。這可以視為現象即實在論的變形。清澤指出，有限是相對於其他有限而言的相對性存在，數量眾多；而無限則是作為整體的「一」，是獨立且絕對的存在。然而，根據清澤的說法，無限是絕對的，但與有限仍存在相對性，兩者是「相即關係」，彼此緊密相連。

四、「日本型唯心論」的完成及發展

哲學的修行

完成「日本型唯心論」的西田幾多郎（一八七〇—一九四五）於一八九一年進入東京帝國大學就讀，並且屬於師從井上哲次郎的世代。畢業後，他先後在石川縣尋常中學校（舊制中學的前身）與第四高等學校等處任教，並立下成為哲學家的志向，專心於學問研究。在不斷學習和吸收西方學術成果的過程中，西田撰寫了多篇重要學術著作，包括〈格林（Thomas Hill Green）倫理哲學大意〉（畢業論文）、〈英國倫理學史〉、〈心理學講義〉、〈倫理學草案〉等文獻。從這些作品可以看出，西田在學術研究中已經形成了清晰的問題意識。

關於「物心的關係」，西田幾多郎在其學術探究中強調，在「純粹經驗事實」中，沒有任何事物可以被區分為「物」與「心」的二元現象，唯一存在的僅是「同一的經驗性事實」。他認為，「純粹經驗」本身並不具備「客觀與主觀之分」的特徵（見於《心理學講義》）。隨後，西田繼續撰寫〈關於純粹經驗的斷章〉，深入探討「實際存在」的問題。他指出，在「實在的根底」中存在著「無限的一」，而「有限的實在」則是基於這個「無限的一」而成立的。這一系列的準備性研究最終形成了《善的研究》一書（於一九一一年發行），在此書中，西田建構了他的第一哲學「純粹經驗」，從而完成了「日本型唯心論」的理論體系。

參禪的體驗

「純粹經驗」的思想來源蘊含著豐富的西方哲學知識，如馮特、威廉・詹姆斯（William James, 1842-1910）、黑格爾、叔本華等。然而，這一思想也深受東亞傳統學識的影響。在此，我們要先提到一點。西田於一八九六年開始鑽研臨濟宗的禪學，在他三十歲的那十年期間，除了研習哲學，也是他專注於參禪的時期。根據上田閑照（一九二六—二〇一九）的說法，這兩種相互排斥的立場對西田來說，幾乎讓他的人格內心經歷了巨大的撕裂。禪教強調「不要思考」，而哲學則提倡「思考吧」，兩者之間存在根本性的裂隙。哲學有其基礎的「原理」，而禪的「根本性」則可簡單表達為「物心一如」。禪教質疑哲學的根本原理是否「真實確定」，而哲學則質疑禪教的根本性是否能夠展開具體的世界構建道路（上田閑照，《西田幾多郎 何謂人的生涯》〔岩波同時代LIBRARY，一九九五年〕）。

可以說，作為哲學家的西田，深刻探討了「何謂實際存在」這一問題，並且試圖揭示禪學與哲學之間的關聯。為了確認這一點，我們不妨借用西田自身的語言來表達。他曾說：「我認為禪學是真正賦予『現實把握』生命的學問，雖然我也認為這是不可能的事，但仍希望以某種方式將禪宗與哲學結合，這是我從三十幾歲起就由衷期待的事情」（《給西谷啟治之書簡》，一九四三年二月十九日）。西田或許試圖將禪學作為體驗性學問的特質，與哲學透過思維訓練而深化的特點加以對立，並將禪學視為哲學的基礎，從而構建一個全新的哲學知識框架。接下來，讓我們來探討《善的研究》中所討論的「純粹經驗」的特徵。

純粹經驗

所謂的純粹經驗，是指「完全不經人為修飾，遵循事實來加以理解」的狀態，或是「絲毫不加思慮，真正保持經驗的原始狀態」。例如，在「見色、聞聲的剎那」，尚未有「這是外來的作用嗎？還是來自我本身的感受呢？」這樣的念頭。這正是「未經判斷之前」，「仍處於非主觀亦非客觀，知識與對象完全合一」的狀態。舉個具體例子，音樂家演奏熟練曲子的狀態，或是嬰兒憑直覺一口氣抓住桌上一疊紙牌的意識狀態。純粹經驗不僅存在於具備特殊能力的藝術家行為中，也存在於所有人類的日常行動中，這是一種「極為普通的現象」。

實際上，「相對於主觀的客觀」這種認知框架以我們幾乎無法察覺的方式深深根植於我們的頭腦，導致我們總是依照先入為主的觀念來看待事物。西田敏銳地指出了這一點。笛卡兒的「我思故我在」是探索明確知識的懷疑論方法，西田認為，將此作為「不容置疑的直接知識」的方法是不夠充分的。笛卡兒的這種方法論並未將「我」視為透過「推理」而存在的東西作為前提，反而必須是「實在與思維」合一的「直覺性經驗事實」。所謂的「實在」，正是「純粹經驗」。

本著「應將純粹經驗視為唯一實在來解釋一切」的理念，西田認為，所謂的「實在」並非基於人們一直以來認為的主客對立，而是「知、情、意合一」的「獨立自足的真實存在」。這種「唯一的實在」並非區分為「精神與物體」的兩種存在，將「主客觀」視為事實的觀點完全是錯誤的。把「我」視為精神，反過來將「花」視為「純粹物體性」的存在，這是科學界的觀點。將「事實」視為客觀存在，例如描述花朵在眼前美麗綻放，實際上只是一種先入為主的看法。「真正的實在」與其說是「冷靜的知識對象」，不如說是由情感和意志所生成和成立的，而這種情意包含著「個性」。即便面對「同一頭牛」，「農夫、動物學家、美術家」各自的觀看意識也並非「完全相同」。西田主張，世界是「以情意為基礎建構而成」，但他並不完全否定由「主客對立」建立的科學知識，而是認為那是一種主客未分的狀態。

「在對『實在』進行完整說明時，必須同時滿足知識與情意的要求。」然而，問題在於，儘管「真正的實在」可以被理解為包涵所有可能的理智與情感，是否能夠被「完全」地「說明」仍然存疑。

真正的實在是「獨立自全」的，這意味著「真正實在的活動」乃是「唯一者的自發自展」。在這種情況下，「真正的實在」不可能是脫離意識的存在，所謂「純粹物體界」的抽象概念必然是「意識現象」，因為意識現象本身即是「唯一的實在」。當「唯一的實在」進行「分化發展」時，「宇宙萬象的根基中」便蘊含著「唯一的統一力」。萬物之所以存在，正是因為從同一的實在中被「發現」並得到解釋。因此，無論是物質現象還是精神現象，這唯一的實在統一力量究竟是什麼呢？這正是相較於無限的存在，是作為統一精神或意識作用的「自我」。由於自我乃「無限的統一者」，因此實在能夠無限地發展。實在一方面被統一，同時也包含「對立」，但這兩者並非各自獨立的實在，而是作為「唯一實在的分化發展」而存於對立之中。於此處，也就能承認矛盾的統一。

五、結語：西周—井上—西田的連續性

最後，讓我們試著統整本章的考察。西周的「理外之理」是從無生有的思考，而西田則實

際應用了這一觀念，並更加明確地表達出來。從純粹經驗的角度來看，「理」乃是「萬物的統一力」，也是「意識內在的統一力」，它具備「獨立自存」且「創造性」的特質。與西周相似，西田同樣否定「理」的實體性，並強調其包含否定性的發展。同時，西田透過有別於井上的途徑，深入探討了實在的動態性。為了在西方哲學與禪學體驗知識之間建立一種看似不可能的聯繫，最終產生了純粹經驗的哲學。在「現象即實在論」中，「動態」的現象與「靜態」的實在其實是實在的兩面一體，呈現出雙重結構。再加上西田繼承了無限的發展性，他在實在的根柢中引入了動態否定的統一者「自我」的觀念，從而使基於純粹經驗的實在擁有了更為複雜的結構，這也為日後的理論發展奠定了基礎。

如上所述，我認為，從西周、井上再到西田的哲學思想中，可以看到本文開頭所提出的「連續性中包含自我否定，並以自我矛盾的方式展開」。從西周對主觀性的重視中，我們能窺見「理外之理」中唯心論的萌芽。因此，可以在西周－井上－西田之間找到一種清晰的連續性，這正是所謂的「日本式唯心論」。矛盾的展開與發展，從廣義上說，是一種理論的內化。此外，西田在「純粹經驗」的連續性中，透過「自覺」、「場所理論」、「行為直觀」等形式，正式將其理論化，或實踐理論化。「連續性中包含自我否定，並以自我矛盾的方式展開」，這一日本哲學的特徵，不僅超越了西田的哲學，還進一步影響了田邊元（一八八五－一九六二）的〈種的理論〉、三木清（一八九七－一九四五）的〈構想力的理論〉、九鬼周造（一八八八—一九四一）的〈偶然性哲學〉、和辻哲郎（一八八九—一九六〇）的〈人類存在的結構〉等。

延伸閱讀

西田幾多郎，小林敏明編輯、解說，《近代日本思想選 西田幾多郎》（筑摩學藝文庫，二〇二〇年）——如果想進一步理解日本哲學，建議先閱讀西田幾多郎的原著。在這本由七篇代表作所組成的選集中，不僅可以理解西田哲學，也可以理解日本哲學的本質。

山本貴光，《閱讀「百學連環」》（三省堂，二〇一六年）——出於某種原因，文學家兼遊戲作者山本氏將西周取自百科全書的意思寫下「百學連環」改寫為現代白話日文，並且加上了詳細的解說。透過閱讀本書，可以理解近代日本的學術分類的雛形。不僅簡單易讀，並且引人入勝。

藤田正勝，《日本哲學史》（昭和堂，二〇一八年）——本書以俯瞰的視角，通俗易懂的方式描寫了從明治時代接受哲學的黎明期、大正時代正式研究西方哲學的成熟期、京都學派的誕生和發展，一直到戰後日本哲學的多樣化以及現代哲學的流變。全書約五百頁，參考文獻與索引也非常充實，堪稱日本哲學的辭典。

CHAPTER

nine

第九章

亞細亞中的日本

朝倉友海

アジアの中の日本

一、思想傳統之問題

東亞共通的設問

日本的現代化進程已經持續約一百五十年，現代日本以自身的方式穩步發展。然而，自二十世紀末起，人們開始隱約感受到國家似乎陷入了停滯甚至衰退的狀態，而自本世紀初以來，更有不少人憂心日本將面臨急速的衰落。與此相對，中國、印度等亞洲大國在經濟、科技及文化領域迅速崛起，並躋身世界前列。這些亞洲國家的共同特徵在於，他們不斷從西方先進國家吸收各種事物，並在現代西方的強大影響下，努力重構自身的文化體系。

因此，亞洲各地在現代化進程中都有著類似的經歷，這在哲學領域也不例外。尤其是日本及其周邊的亞洲地區（此處僅限於對華語世界的考察），人們反覆思考並提出有關哲學與傳統思想之間關係的幾乎相同的疑問。這是因為，東亞地區並非單純地接受西方文化，而是透過某種形式的轉化來吸收其影響。而東亞的「哲學」更無法擺脫深厚的傳統思想所帶來的影響，這使得其在接受西方哲學的同時，亦融合了自身文化的獨特視角。

我們或許可以嘗試忽略傳統思想的影響，但情況遠比表面複雜。即使在西方哲學中，也同樣接納了非西方的思想元素，並且彼此不斷交融。例如，叔本華受印度思想的啟發對西方哲學的折射，並非孤立的現象。事實上，透過這種折射的積累，最終導致了二十世紀哲學的碎片化。因此，原則上我們很難（即使視之為可能）在完全擺脫亞洲思想哲學價值的前提下進行哲學思考。在這種情況下，如何將思考與創造性相互連結，便成為了一個值得深究的課題。

相反地，日本或整個亞洲究竟西化到了何種程度？這樣的疑問屢屢被提出。早在過去，夏目漱石便多次指出，日本的文明開化是外在驅動的，而這種開化「僅僅是表面上的轉變」。即便到了今日，仍有人質疑西化與現代化是否只是一種「設計」，在可見的變革背後，本質上是否並未真正改變。這種針對「現代的超克」或後現代的批判，無疑成為思考東亞「哲學」時不可避免的爭論焦點。

東亞哲學究竟如何與佛學、儒學等思想傳統相互關聯？如果不僅僅是單純地回歸傳統，那應該如何實現？或者說，東亞思想對哲學的貢獻是否只是一種幻象，若是如此，我們難道只是在原地踏步？即便到了今日，我們似乎是在普世性的框架下討論哲學，但上述疑問始終揮之不去——這正是東亞思想的共通困境。

聲譽動搖的儒學

在思考哲學與傳統思想之間的關係時，首先要作為前提考量的，是現代化進程中那些搖擺不定的評價。當初透過儒學的媒介接受西方哲學，但在某一階段後卻逐漸轉向與佛學相結合。接下來，我們將簡單回顧這一部分的歷程。

自幕府時代末期，西周等人前往荷蘭留學開始，到井上哲次郎在學術上系統性地整理哲學用語為止，這約莫二十年間，西方哲學都是透過儒學的詞彙來進行翻譯與吸收。因為自江戶時代以來，宋明儒學已成為中上階層的文化基礎，提供了一套可運用的概念體系，但也僅限於「詞彙」層面的轉換而已。我們必須謹記，即便是西周也曾提醒人們注意，這兩者實際上屬於完全不同的傳統。（參考本書第八章）

對於儒學內容的批判隨即出現，但這主要是由於現代化過程中所面臨的其他問題所引發。就像西方的基督教承擔了社會道德的基礎，日本也必須重新定位儒學的角色。西方社會能夠順利運作，不僅僅依賴近現代的學術成就，還包含了基督教傳統的深層支撐。如果道德的基礎來自宗教傳統，那麼亞洲在現代化中應該活用的傳統又是什麼？答案並非佛教，因為與象徵中世紀的佛教不同，儒學（乃至新儒學）才是近世東亞的文化支柱。

然而，與其說這是一種哲學探討，倒不如說更接近一種政治上的主張。關於「東洋哲學」的現代性研究，作為傳統哲學的替代，由井上哲次郎開創，但最終並未以預期的方式結果（儘管也有相反的見解）。從歷史脈絡來看，這主要是針對東亞近世保守主義模式的批判。典型的例子如西村茂樹（一八二八—一九〇二）的《日本道德論》（一八八七年），其中對儒學的重新評價，為人們理解儒學提供了一個新的基礎，並延續至今。隨後，在這一基礎上，進一步加入了政治、經濟的視角，產生了將儒學與經濟發展結合的觀點。至二十世紀後半葉，這些觀點在某個時期帶來了一定程度的影響，尤其是在新加坡、香港、台灣和韓國——被稱為亞洲四小龍或亞洲四猛虎的發展背景下，儒學的作用更加凸顯。

然而，時至今日，日本已經很少將儒學評價為一種活的思想，甚至認為（或再度認為）儒學是東亞社會落後、根深柢固的權威主義或壓抑型社會的象徵。相比之下，從上世紀末躍居世界經濟前列的中華人民共和國，為了促進社會穩定和增強民族自豪感，反而大力推崇儒學傳統，這更諷刺地強化了上述觀點。與此相對的，則是對佛學的評價。

被對照比較的佛學

對佛教的肯定評價在今天已廣泛地在全球各地出現。然而，在明治初期，佛教曾因被視為前近代的產物而遭到打壓，而要重新因其在內容上與邏輯分析及思辨考察的高度親和性而受到關注，尚需經過一段時間。換句話說，佛教必須等待西方哲學的正式引入，才獲得今天的評價。

隨著初期哲學的引入，逐漸興起一股評價佛教，特別是東亞的大乘佛教，這是可與哲學相媲美的思想傳統。井上圓了與致力於推動現代思想研究在日本扎根的井上哲次郎，共同構想出所謂的「現象即實在論」，這一以佛教為媒介的哲學立場廣為人知。（參閱本書第八章）

事實上，西田幾多郎正是在這樣的前提下逐漸嶄露頭角的。從西田年輕時對禪學的虔誠態度，可以清楚看出上一代人對佛學哲學關注所帶來的深遠影響。西田穩步而低調地持續前行，朝著「兩位井上」所致力但未能實現的目標邁進。

中華民國時期（一九一二—一九四九）的中國大陸也經歷了類似的發展歷程。自清末以來，佛學研究在與西方和日本的接觸中，逐漸運用現代方法論來加以探索，並在民國時期迅速取得豐碩成果。日本一般人較為陌生的歐陽漸（一八七一—一九四三）與太虛（一八九〇—一九四七）等，便是活躍於此一時期的重要思想家。

在這一發展脈絡下，出現了在日本被稱為「新儒家」的熊十力（一八八五—一九六八）（參見本書第七章）。他曾就讀於以唯識宗佛學研究聞名的「支那內學院」，並獨創性地將中華思想與西方哲學相結合。雖然他日後成為「新儒家」運動的源流，但其實際內容與這一稱呼有所出入，可以說是哲學與佛學相結合的產物。

在明治時期的日本，哲學與佛學相遇的情景同樣也出現在中國大陸，這反映了東亞哲學的某種宿命。然而，需要再次強調的是，儘管我們談論的是東亞思想，但儒學與佛學之間存在著本質上的差異。儒學主要是一種關注社會道德的思想，其主題圍繞著如何形塑道德基礎。即便儒學在道德基礎上帶有形上學的色彩，其根本性質仍是倫理思想，甚至可視為一種道德理論。相比之下，更直接面對內心或存在問題的佛學，內容上與西方哲學有著更強烈的共鳴。阿毘達磨（Abhidharma）[1]的教義包含大量有關「何為真實存在」的本體論探討，並在對「心」的分析中展現出豐富的考察，這與持有主觀、客觀觀點的代哲學框架能輕易結合。而「空」的思想則進一步激發了對邏輯學的深入關注。因此，佛學與現代哲學的結合，顯得順理成章。

二、東亞是否可能成立哲學

心繫佛學的哲學家們

雖然東亞人並非必然以佛教作為哲學背景，但東亞與佛學的融合孕育出創造性的思考，這是不爭的事實，而兩位井上正是這方面的早期代表。值得注意的是，他們不僅聚焦於印度佛教，亦深入探討東亞佛教。除了如三論宗、法相宗等直接繼承印度佛教的教義外，他們也關注天台宗、華嚴宗等源於中國且在日本延續已久的教義。這使得日本哲學家們逐步具體化了東亞式哲學——儘管某些教義的融合過於操之過急，最終未能如願。

這一路線到西田為止並無太大變化，這並不令人意外，畢竟各世代研究者之間在學術背景上相距不遠。理所當然地，禪宗、淨土宗等更偏重實踐的傳統，亦透過唯識宗、天台宗、華嚴宗等教義的橋梁與西方哲學相結合。尋找東亞大乘佛教對哲學的貢獻，這種發想（源自明治時代前人的理念）在西田哲學中依然延續，顯示出哲學成果乃是一種集體的共同努力。

在中國，同樣可以見到類似的發展歷程。支那內學院[2]（並非中國佛教傳統的一部分）亦致力於研究直接承襲自印度的唯識思想，例如前文提到的熊十力便是在此背景下產生的。此外，熊十力的弟子牟宗三（一九〇九－一九九五），基於對中國佛教歷史發展的深入理解，在天台宗的學問中找到了與西方形上學主流截然不同的哲學框架（關於這位多面向的哲學家請參見第七章）。不僅在日本，華語世界中也同樣存在這種以佛教為核心的漫長哲學探究，這一點值得再三強調。

西田幾多郎與牟宗三被視為近現代東亞的代表性哲學家，其原因在於他們將東亞近現代的共通課題與哲學及佛學相結合，並提升到一定的理論高度。在討論他們如何體現東亞哲學之前，有必要指出他們在面對「哲學」這門源自西方的傳統學問時，展現出相似的態度。他們正是在這一方面看到對邏輯與數理的濃厚興趣，是西田幾多郎與牟宗三的共同特點。

1 譯註：阿毘達磨，即佛教經典三藏之一的「論藏」，意譯為「對法」或「無比法」，指對佛法的深入分析與解釋。與經藏重視佛陀講述的經文、律藏規範僧團戒律不同，阿毘達磨偏重於理論系統化，分析宇宙與心理現象的本質。其主要內容包括五蘊的解釋、心法的分類及緣起性空的理論，透過精密的哲理分析，成為佛教思想的重要基礎。

2 譯註：支那內學院成立於一九二二年的南京，由太虛法師創辦，旨在以現代學術方法復興佛教，推動佛學研究，特別是唯識宗等教義的系統化探討，培養了熊十力、牟宗三等重要學者。

了東亞思想傳統的薄弱之處，並因此而成為「哲學家」。正因為持有這樣的態度，他們得以在東亞哲學中開創新的視野。然而，隨著上世紀後半期分析哲學與歐陸哲學的分歧愈發引人注目，這種態度的鮮明性反而變得不那麼明顯了。

在面對東亞思想的態度上，西田幾多郎與牟宗三也有相似之處，即他們對「東西融合」這類空洞的口號毫無興趣。西田嚴正告誡人們，僅僅聲稱自己的哲學受禪學影響，並不代表真正理解其哲學；同樣地，牟宗三對佛教的批判態度極為尖銳，即便他深入研究佛學，仍將其作為批判對象。他們所致力的，終究是純粹的「哲學」研究，而非揮舞傳統旗幟的表面文章。

在是否對東亞思想進行思想史式的敘述上，西田幾多郎與牟宗三的立場有所不同。當牟宗三在中國佛教中發現不同於西方形上學的框架時，他以思想史學家的角度加以描述。而西田並未對東亞思想進行這樣的歷史敘述，這與兩位井上前輩及後續的京都學派有所不同（即便如此，這些哲學家也並非像某些熱中於復興傳統的佛教徒般急切）。然而，這種差異並不十分明顯，因為西田有時在論述中表現出對西方哲學歷史的深刻理解，雖然他對東亞思想未作出同樣連貫的描述，但他仍時常流露出深入的理解。反之，牟宗三一直堅持思想史學家的立場，但在某些情況下，即便非其本意，他仍不得不超越該立場，以表達自身思想（他雖被視為新儒家的代表，卻對天台宗有深切共鳴，甚至到了影響其哲學體系的地步，令讀者倍感困惑）。

哲學貢獻的理念

接下來，我將在不詳述細節的前提下，盡可能簡要介紹西田幾多郎與牟宗三的典型觀念，也就是以佛學為背景脈絡的東亞哲學特徵。

關於京都學派的特徵，通常被提及的是「無」乃至「絕對的無」的概念，這樣的說法並非錯誤，但卻容易引發誤解。如果說西方哲學自巴門尼德（Parmenides）以來，始終圍繞著「有」來探討，並且擅長思索實體及圍繞神的「有」，那麼佛學似乎確實與之相反。然而，隨著現代哲學經歷重大轉折，逐漸脫離實體主義，取而代之的是某種「相關主義」，在這一點上，實際上能看出其與大乘佛教的相似性。因此，西方哲學與佛學之間的差異便不再那麼明顯。

京都學派的共通理解是，「無」並非僅為東方思想所獨有；事實上，在德意志神祕主義及其後的德國唯心論哲學中，同樣可見濃厚的「無」思想。更近代的哲學家如赫爾曼．科恩，甚至構想了一種以「無」為起點的知識論，而西田幾多郎本身也正是在這類知識論的影響下發展其思想。因此，西方思想中同樣蘊含「無」的理念。在比較東西方思想的差異時，必須謹慎，切勿僅追求速效，這一觀念正是東亞哲學的根本前提。

重點在於，佛教哲學在探討「心」時，運用了「無」的概念。當對象是「有」時，相對地，「心」則被視為「無」。規範心的意志也被認為是「無根據」（無所憑據）的，因此，在對心的探究中，「無」只是次要的焦點，而像「場域」或「無的場域」等說法便由此而生。西田試圖探究的並非具體的對象，而是掌控對象的「心」，這可以說是一種超驗論（transzendental）式的探索。

直接面對現代哲學課題的超驗論式探究，自然而然地與佛學傳統產生了交集，進而孕育出一種獨特的思維方式。將作為「無」的「心」作為探究的核心，不僅僅是唯心論的範疇，同時也帶有本體論的色彩，這正是西田哲學的獨特之處。然而，若結合佛教的視角來更深入地探討，則能更清楚理解其中的意涵。

「心」的映照森羅萬象，但這並非因為心獲得了什麼，亦非因心產生了什麼。在無任何依託的狀態下，可以說世界萬物與心共同（於無之中）成立——從極惡到極樂，平等且均質地存在，無任何依據可循（一念三千）。由此可見一種極為神祕的本體論式見解。牟宗三將這些研究成果稱為「佛教本體論」，與西田的「場域理論」並列，堪稱是現代哲學與佛學結合的傑出成就。

透過掌握「確立對象的心之結構」乃至「理論」的超驗論式研究，重新審視一切沒有可依靠的基礎，這樣的思想自然而然地與佛教傳統產生共鳴。正是透過這種探究，西田與牟宗三為人們揭示了東亞哲學的核心重點。

分析哲學／歐陸哲學的劃分與東亞

即便東亞圈的思想成果——或哲學貢獻——確實存在某種共通性，但其中某些特質使其不易被察覺。造成西田與牟宗三之間隔閡的原因之一，正是分析哲學與歐陸哲學之間的劃分。這種哲學傳統的區別，使得兩人在思考方式與理論建構上產生差異，進而影響他們對東亞哲學的詮釋。

本文將選取戰後日本哲學的若干事例，來探討哲學領域的劃分究竟在何種程度上影響了哲學活動本身，並對此深入思考。

大森莊藏（一九二一—一九九七）是戰後日本代表性的哲學家之一。他早年以英語圈的哲學為背景發展思想，培養出許多優秀的「分析哲學」學者。然而，他本人並未遵循日本典型分析哲學家的做法，即單純追隨國外的分析哲學並加以補充，而是創立了獨特的哲學理論，即「現象主義一元論」。

大森莊藏對戰後日本另一位代表性哲學家廣松涉（一九三三—一九九四）給予了極高評價。廣松涉是一位眾所周知的馬克思主義者，通常被歸類為「歐陸派哲學」或「後現代派哲學」。然而，他在「四肢的存在結構」理論中，部分依賴邏輯分析，再加上他對邏輯與科學的深刻關注，實際上並不完全符合日本典型的歐陸哲學研究者的框架。這使得他在哲學分類上顯得難以歸類。

換言之，分析哲學與歐陸哲學的劃分顯然並不適用於大森或廣松這類戰後日本哲學家。他們的直傳弟子們更是不拘泥於這種區分。對於專門研究遺留下來的思想的「研究者」而言，歸屬於某個哲學派別有時甚至是攸關生死的問題，但這卻與真正的哲學實踐幾乎無關。這些哲學家更關注的是理論本身的創新與實踐，而非形式上的學派劃分。

那麼，京都學派又如何呢？承襲這一學派的戰後思想家幾乎都被歸類為受海德格影響的「歐陸哲學」派，而那些以日本哲學為研究對象的學者（無論在日本國內還是海外）也大多如此。但這種現象究竟有多大的必然性呢？事實上，西田幾多郎始終對邏輯與數理表現出濃厚的興趣，而他所探討的「謂詞邏輯」，與其說是在研究日語特性，不如說是關注於更廣泛的謂詞邏輯。如果西田在戰後仍健在，也許他會華麗轉型為「分析哲學」一派（這或許能解釋為什麼戰後日本哲學的重心從京都大學逐漸轉移至東京大學）。

近年來，日本掀起了一場以分析哲學方法重新詮釋亞洲傳統思想的運動，被稱為「分析亞細亞哲學」（由出口康夫提出）。這場運動主要聚焦於佛學，並透過邏輯學來進行哲學分析。世界知名的學者如葛拉翰．普利斯特（Graham Priest, 1948-）也積極參與其中，成為該領域的重要推動者。這一運動展現了以現代分析工具重新探討東亞思想的創新取向。

在思考東亞哲學在世界上的未來時，這一運動尤其值得關注。然而需要注意的是，分析的取徑在亞洲圈中不見得是「新的」事物。實際上，在英語圈哲學界影響較大的香港和台灣，長期以來便積極應用分析方法。以邏輯學家聞名的牟宗三，正是一位從熟讀《數學原理》起步的思想家，在討論新儒家思想時，也無法迴避其與分析學傳統的關聯。

東亞哲學的典範如西田幾多郎和牟宗三，都對邏輯學深刻關注，尤其牟宗三更以冷靜的視角審視同時代研究傾向的分化。大森莊藏與廣松涉亦不例外。然而，分析哲學與歐陸哲學的劃分，對這些哲學家的解釋者而言意義重大，而非哲學家本人。這種分歧反而使東亞哲學的共通性更加難以被察覺。然而，若我們被這類劃分所迷惑，或許就無法真正地「進行哲學思考」。

三、拒絕美化並朝向共同研究

對現代主義的批判其及變奏

現代主義者對上述議論潑了一盆冷水，質疑西方現代化的影響僅止於表層。丸山真男（一九一四—一九九六）所提出的「我們尚未完全現代化，現代化仍然是我們當前的課題」這一論調廣為人知。後來，柄谷行人（一九四一至今）也對日本後現代主義的流行提出了相似的批評。這類批判在某種程度上同樣適用於更廣泛的東亞地區。

丸山真男的批評如下：二戰前日本流行「現代的超克」這一說法，但其建立在兩個錯誤的前提之上。首先，是自以為已經充分現代化的自負；其次，是對傳統思想的美化，從而產生毫無根據的自信（見《日本政治思想史研究》英文版作者序）。然而，這兩個前提都站不住腳。首先，日本的現代化程度遠未如人們所想，對自身的認識存在誤差，或者更確切地說，我們心中仍殘留著對前現代性的執著。其次，對傳統思想的印象也是錯誤的，它並非如人們所認為的統一體系，反而處處充滿思想上的分歧與矛盾。

根據丸山的說法，日本江戶時代的思想展現出一種「現代性」，甚至比西方更具現代特徵。具體而言，荻生徂徠便是這一思想的代表，若追溯其源頭，則可回到被徂徠重新評價的荀子。大眾常讚美東亞思想強調與自然的和諧共存，但實際上，東亞思想多樣性豐富，難以用這種理想化的觀點一概而論。丸山的這一論點實際上可以適用於整個東亞思想體系。

此處需補充兩點說明。首先，前述兩項前提（及其批判）實際上是互相緊密關聯的。現代化不足，意味著未被承認的有害傳統依然頑強存留；而不美化傳統，則意味著當人們試圖客觀看待傳統時，能以現代性的視角辨識出應被否定的自我形象。因此，這兩項前提或許無須如丸山所述那般截然分開，反而應作為一體來理解，因為它們共同揭示了日本在現代化與自我認識上的困境。

此外，對於生活在二十一世紀的我們來說，批評現代化的不足或美化傳統，聽起來已顯得空洞。因為這類批評如今已被視為過去的議題，更何況我們早已遠離了傳統，只將思想傳統視為學術上的遺產，而非我們自然形成的習性。願意投入理解這些過往文本的人，僅是社會中的少數。相反地，包括日本在內的東亞傳統思想，如今僅僅作為共同的「文化遺產」呈現於世人面前，而不再固執地定義我們的存在。在這一點上，世界各地的思想都已被相對化，失去了其原本的規範力。

這裡介紹一段小故事。東亞常被認為擁有與自然共生的思想，並且經常強調其與西方思想的不同。有人指出，受一神教影響的西方人習慣於思考如何克服自然，人與其他動物處於斷裂狀態；若從這角度看，確實可以得出類似的觀點。無論是天人感應說、人與草木皆可成佛的觀念，還是「莊周夢蝶」的故事，都讓人感受到與自然共生的意境。然而，至少自二十世紀末以來，中國卻成為全球環境汙染大國。相較之下，日本雖歷史上形成了某種與自然共生的意識形態，但也曾遭遇嚴重環境汙染，甚至至今仍未完全從核電廠事故引發的大規模放射線汙染中恢復。反而是西方社會，在環境保護和與自然和諧共處方面做得更為徹底，這難道不顯得諷刺嗎？這種現象也呼應了丸山的批判：現代化的表象與實際落差，往往揭示出我們對自身文化的錯誤認知。

被耗盡的遺產

讓我們看看，在現代化浪潮或美化傳統思想之前，當今人們對思想遺產的關注程度究竟如何。二戰戰敗後的日本，哲學和思想領域中真正能吸引一般讀者的，唯有西方現代思想。這一趨勢至今未改，無論是後現代思想家還是分析哲學論者，只要冠上「新」字的西方事物，便能引發讀者的追捧。至於曾被美化的傳統思想，早已在多年前逐漸黯然失色。

確實，為了尋求創造性的思考，確有人將目光投向思想文化的遺產。例如思想家和辻哲郎（一八八九—一九六〇）過去便廣泛研究非西方思想（也可以說，京都學派對佛學思想的理解，實際上深受他的影響）。在二戰後的日本哲學界，亦有如坂部惠（一九三六—二〇〇九）般將注意力重新轉向日本思想文化的學者。然而，這種探索卻常被視為過於偏重文人雅趣的行為，而未受到應有的重視。

在日本，向大眾宣揚「教養」的思想家們，往往與專業哲學保持一定距離，而更專注於文藝批評。如小林秀雄（一九〇二—一九八三）或柄谷行人，他們不僅關心西方哲學，同時也對日本思想及其根源的中國思想展現出濃厚興趣。然而，這些思想家吸引的眾多忠實讀者，實際上並不真正關心東亞思想文化。或許，讀者們對這些教養模範僅僅是表面接受，卻未曾真正認真對待，導致這些文化遺產最終淪為虛耗的資源。

其他東亞地區在傾向西方這方面與日本並無二致。然而，華語地區仍存在些許差異。在中國，歷史上的各種思想被視為「哲學」的一部分，甚至在某些情況下比西方哲學更受重視。一般而言，包括學生在內，人們對中國思想的關注度往往超過西方哲學（這讓我特別聯想到近年台灣的情況），哲學研究者也始終對中國思想保持高度關注（至少超越了對日本的關注）。

在華語地區，人們對中國古典思想的高度關注自是理所當然。畢竟，儒學等學問不僅是「國學」的重要組成部分，更與日本僅將外來思想由漢文轉化為歐文的情形大相逕庭。人們深刻意識到，中國思想至今依然具有價值，因此應當積極活用這些仍具生命力的理念。這樣的作法無疑是對自身文化遺產的重視與珍視。

然而，這種差異並非決定性的關鍵，因為遠離傳統（雖然程度有所不同）依然是東亞地區的普遍現象。過去，東亞各地只專注於西方，彼此之間幾乎漠不關心。然而，隨著近年來東亞學術交流的推展，這種冷漠逐漸得到改善，並逐步建立起更強的文化共通意識。在這種意識的支持下，東亞地區正在形成相互支持的哲學合作關係。

重新建構戰略

回顧過去，日本屢次將自己定位為亞洲最早西化的國家，然而在這樣的發展過程中，卻未能探索出任何真正屬於自身的未來方向，這也成為近年日本活力不足的原因之一。

這種自我定位本身就不符合歷史事實。東西方之間的交流持續的時間遠比一般認知中要長得多，非西方世界接觸西方文化的時間也早於明治時期的日本。中東與印度自不待言，甚至中國接觸西方文化的時間也並不晚於日本。即便進入現代，中國對於西方文化（如分析哲學）的接受，往往比日本更早開始正式學習與研究。而如今，前往歐美留學的亞洲學生多數來自日本以外的國家，在吸收西方流行思想的速度上，日本反而顯得相對滯後。

日本在歷史上確實成功扮演了融合西方哲學與傳統思想的角色。值得肯定的，不在於日本率先接收西方思想，而在於其透過長期的努力與積累，創造出新的觀念。從井上哲次郎到西田幾多郎，他們不僅致力於西方哲學的翻譯，更在此基礎上，提出了以東亞思想為背景的哲學理念，展現出日本學術界的深刻思考與創新能力。

中文圈也持續有類似的努力，但今日的日本哲學家卻幾乎未曾關注這些發展。從另一個角度來看，東亞的哲學家對日本的關注同樣有限，甚至有些輕視之意。長期以來，亞洲思想界的探索者們並未攜手合作，儘管身處相似課題的文化圈，彼此卻缺乏理解，這無疑是亞洲的遺憾。

進入本世紀後，情況開始有所改變。隨著全球交流的持續深入，東亞地區之間的互動也日益加強，過去明顯存在的地域差距與隔閡正逐漸消失。儘管東亞各國的思想一直有著強烈的共通性，近年來的交流深化，更使彼此能在共同的基礎上展開多樣的討論。如今，人們比以往更期盼這一趨勢能催生更多共同的探索，而非因盲目均質化而走向終結。

延伸閱讀

藤田正勝、Bret Davis編，《世界中的日本哲學》（昭和堂，二〇〇五年）——嘗試將日本哲學置於世界之中，代表了今日一種嶄露頭角的研究態度。

野家啟一監修、林永強、張政遠編，《日本哲學的多樣性：以二十一世紀的新對話為目標》（世界思想社，二〇一二年）——探討了日本哲學的潛力，並特別關注東亞的動向，是一本劃時代的論文集。

高坂史朗，《東亞的思想對話》（PERIKANSHA，二〇一四年）——關注日本與東亞的關係，並觀察日本哲學在其中的定位。本章未能提及的日本統治下的朝鮮半島與台灣思想史，也被收入本書中。

藤田正勝、林永強編，《現代日本哲學與東亞》（國立台灣大學出版中心，二〇一九年）——探討丸山真男、井筒俊彥、山內得立等各日本思想家與東亞思想的關係。

CHAPTER

ten

第十章

現代非洲哲學

河野哲也

現代のアフリカ哲学

一、序言——西方中心主義的陰影

本章將介紹現代非洲哲學。面對這片幅員遼闊、人類歷史悠久的土地，僅用一個章節來概述其哲學無疑是不夠的。然而，以日語撰寫的非洲哲學書籍與論文極為稀少，絕大多數日語讀者甚至對非洲擁有何種哲學理念全無概念。因此，本章將致力於勾勒出當代非洲哲學的大致輪廓，而關於其中幾個富有深意的主題之深入探討，則將留待未來繼續研究。

對哲學有一定理解的人可能知道法蘭茲・法農（Ibrahim Frantz Omar Fanon, 1925-1961）這個名字，他領導了阿爾及利亞獨立運動其重要著作亦已被翻譯成日文。或者，生於倫敦、長於迦納的哲學家奎邁・安東尼・阿皮亞（Kwame Anthony Appiah, 1954-）也是現代政治哲學與倫理學範疇的知名人士。但除此二者之外，其他的人名在日本幾乎無人知曉。

有幾個原因造成了這種狀況。首先當然是因為非洲無論在地理上、歷史上都與日本距離遙遠，鮮少相關。但另一個原因則是西方中心主義引進日本文化所造成的負面影響。大約三十年前，在筆者就讀的比利時天主教魯汶大學哲學系的研究生課程中，聚集了許多來自薩伊（今日的剛果民主共和國）與奈及利亞的留學生。他們之中的絕大多數都專攻政治哲學或倫理學，站在現象學或解釋學的立場研究如何解釋自身文化。無論在一般授課或專題課程上，當非洲留學生發現近、現代西方哲學家的文本中存在與西歐中心主義或殖民地主義相關的言說時，便會提出嚴厲的批判——順帶一提，來自南美洲的留學生也同樣對歐洲的民族中心主義提出了批判。

筆者返國後，在閱讀西方近代古典文本時，都會不禁想起非洲人們的批判。回到日本之後，讓我感到強烈違和的是在日本依舊沒有意識到西方哲學帶來的黑暗面，仍然持續加以研究。現代的非洲哲學從根本上批判了西方現代哲學。在此需要明確指出的是，在談論西方後現代哲學時，不能不提起西歐中心主義或殖民地主義的弊害。

非洲在世界上的存在感逐漸提高。主因雖為經濟發展，但在哲學領域，過去約近十年來，如布萊克威爾出版（Blackwell）、勞特利奇出版（Routledge）、牛津大學出版等著名的出版社也已經出版了大量的選集。除此以外，許多非洲哲學相關的書籍也獲得出版，充滿了能對現代世界哲學做出貢獻的新視角與發想。接下來，首先讓我們說明一下現代非洲哲學的主要背景——反殖民地主義。

二、從「沉默大陸」的言說邁向泛非主義

對殖民地化的思想抵抗

西歐的啟蒙時代，是殖民主義與帝國主義時期，那是一個買賣奴隸的時代（宮本、松田，二〇一八年）。十九世紀初葉，英國、美國、荷蘭、法國相繼廢除了奴隸貿易，但對非洲哲學、

科學的輕蔑言說仍持續產生影響。卡爾・馮・林奈（Carl von Linné）的種族分類，亞當・史密斯、大衛・休謨、伊曼努爾・康德等活躍於十八世紀後半的科學家、哲學們的言說，都醞釀著日後歧視非洲的想法。即便到了十九世紀，西方主流哲學仍在為種族主義的合理化提供思想基礎，其中包括提倡人種不平等說的阿蒂爾・德・戈比諾（Arthur de Gobineau）、起草美國獨立宣言的湯瑪斯・傑佛遜（Thomas Jefferson）、主張社會進化論的赫伯特・史賓塞以及黑格爾的歷史哲學等。從非洲的觀點來看，他們都是種族歧視主義者。

在一八八四年臭名昭彰的柏林會議上，除了賴比瑞亞與衣索比亞之外，其他所有國家都被歐洲列強瓜分了（即「瓜分非洲」）。這次會議打造出來的體制一直維持到第一次世界大戰結束。然而同時期，黑人身分認同運動，亦即所謂的泛非主義（Pan-Africanism）在非洲、美國和加勒比海等地區蓬勃發展，並開始呼籲解放散落世界各地的非裔居民以形成彼此間的連帶感。一九〇〇年在倫敦舉辦了第一次的泛非會議，並於第一次世界大戰後持續舉辦，第二次世界大戰後的一九四五年，曼徹斯特舉辦的第五屆會議上便有眾多非洲國家的代表出席。此後，在協助第二次世界大戰獲勝的歷史背景下，非洲各國紛紛向原宗主國要求獨立。

一九六〇年，聯合國通過《關於准許殖民地國家及民族獨立之宣言》決議。在一九六〇年代，喀麥隆、多哥、馬利、馬達加斯加、索馬利蘭、剛果、索馬利亞、達荷美（現在的貝南）、尼日、上伏塔（現在的布吉納法索）、象牙海岸、查德、中非共和國、加彭、奈及利亞、茅利塔

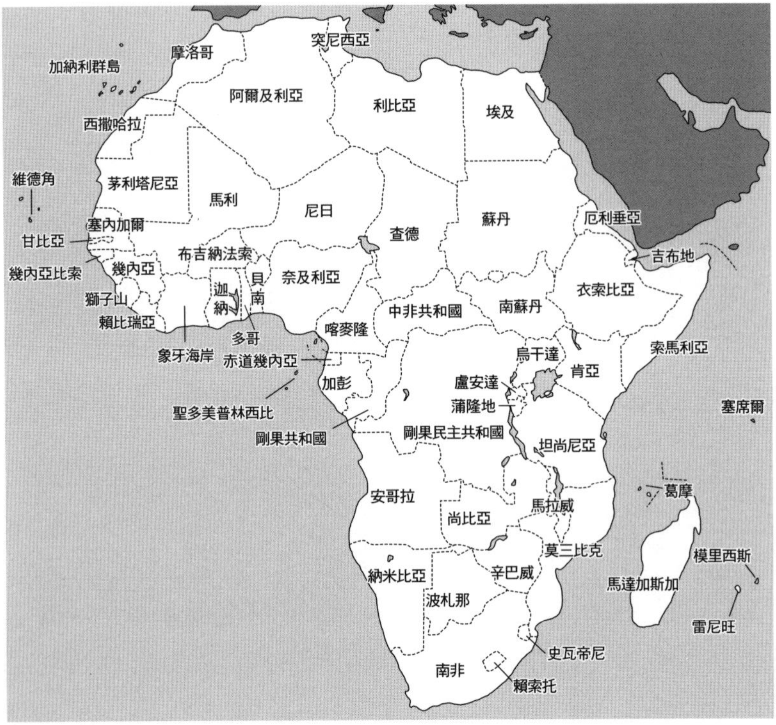
突尼西亞
摩洛哥
加納利群島
阿爾及利亞
利比亞
埃及
西撒哈拉
維德角
茅利塔尼亞
馬利
尼日
蘇丹
厄利垂亞
塞內加爾
甘比亞
查德
吉布地
幾內亞比索
幾內亞
布吉納法索
貝
南
迦
納
奈及利亞
衣索比亞
獅子山
賴比瑞亞
中非共和國
南蘇丹
喀麥隆
多哥
象牙海岸
赤道幾內亞
烏干達
肯亞
索馬利亞
加彭
盧安達
蒲隆地
聖多美普林西比
塞席爾
剛果共和國
剛果民主共和國
坦尚尼亞
葛摩
安哥拉
馬拉威
尚比亞
莫三比克
模里西斯
辛巴威
納米比亞
馬達加斯加
波札那
雷尼旺
史瓦帝尼
南非
賴索托

二〇二〇年的非洲

尼亞等各國獲得獨立。隨後，幾乎所有的非洲國家都於一九八〇年代獲得獨立。

三、非洲是否有哲學

從古代到現代的非洲哲學

非洲的哲學相當多樣，不過大致可以分為三大類。第一類是北非的伊斯蘭哲學；第二則是源於非洲，但主要在歐美哲學脈絡下闡釋之哲學；第三種是撒哈拉沙漠以南的哲學。本文將介紹第三類的哲學，不過請先有個概念，現代非洲哲學家們多為第二類及第三類的混合型。

論及非洲哲學時，經常被提起的問題是「非洲有哲學嗎？」如果回顧非洲歷史，這個問題顯得相當荒謬。眾所周知，古代埃及乃地中海文化圈的核心之一，而希臘、羅馬時期的基督教教父哲學家俄利根（Origen of Alexandria，出身亞歷山卓）、特土良（Tertullian，出身迦太基）、普羅提諾（Plotinus，生於利科波利斯，於亞歷山卓求學）、希波的奧斯定（Augustine of Hippo，生於迦太基，在希波擔任祭司）等人，都活躍於今日的埃及、突尼西亞或羅馬等地區及城市。

當時代推進到近世，十七世紀的衣索比亞出現了主張無神論、提倡理性主義的柔拉．雅各布（Zera Yacob, 1599-1692）以及其弟子沃達．海瓦特（Walda Heywat，十七世紀）等，他們對倫理與智慧、心理與教育皆有探討。十八世紀，出身迦納，曾在德意志地區的哈勒大學、耶拿大學學習和任教的安東・威廉・阿莫（Anton Wilhelm Amo, 1703-1759）甚為知名，他批判笛卡兒的「心的概念」，提倡不把感覺、知覺歸屬於心的經驗主義哲學。

到了十九世紀至二十世紀前半，出現了一些提倡早期泛非主義的政治思想家。例如自由派思想家且身兼外交官、政治家，被稱為泛非主義之父的愛德華・布萊登（Edward Wilmot Blyden, 1832-1912）；非裔美人、擔任英國國教派聖職，使泛非主義獲得發展的亞歷山大・克魯梅爾（Alexander Crummell, 1819-1898）；西非克里奧（指居住於獅子山共和國的克里奧人）民族主義作家，擔任英軍外科醫生且反對人種主義並主張自治的阿非利加努斯・霍爾頓（Africanus Horton, 1835-1883）；在今日迦納的黃金海岸擔任律師兼政治思想家的約翰・薩巴赫（John Mensah Sarbah, 1864-1910）曾組織原住民權利保護團體，訴求迦納獨立；同為迦納的記者，又是律師、政治家、教育家的喬瑟夫・海福德（Joseph Ephraim Casely Hayford, 1866-1930）也批判殖民地統治與奴隸制度，提倡泛非主義。

如上所述，埃及作為古代哲學中心之一，並在近世誕生了眾多知名哲學家，這是不爭的事實。然而，「非洲有哲學嗎」這樣的提問究竟代表了什麼意圖？現代南非哲學家莫戈貝・拉莫斯（Mogobe Ramose）提出了如下批判：「非洲有哲學嗎」這個問題通常是由非非洲人提出，而這種提問本身就帶有殖民主義的色彩。古希臘哲學曾受到埃及的深遠影響，近世也有非洲出身的傑出哲學家，任何真正理解哲學的人都會承認這些事實。儘管如此，這類問題依然不斷被提出，原因在於西方哲學仍然延續著不將非洲人視作完整的「人」之傳統。

換言之，西方社會建立了如野蠻—文明、前邏輯（原始思維）—邏輯、知覺—概念、口述—書寫、宗教—科學等二分法，並將非洲歸入前者。這種伴隨價值判斷的二分法成為西方思考的基礎，但在倫理與哲學上，這正是必須批判的對象。確實，非洲哲學不一定記錄於書籍之中，然而文字書寫並非反思與批判性思維的必要條件，這些思維同樣可以透過口述、宣教等方式實現。正如即便沒有柏拉圖的著作，蘇格拉底依舊被視為偉大的哲學家一般。

四、民族哲學及其批判

坦佩爾的影響

出生於比利時的普萊希德．坦佩爾（Placide Tempel, 1906-1977），是曾在比屬剛果工作長達三十年的方濟各會傳教士。他既不是非洲人，也非哲學的專家，然而他的著作《班圖哲學》（*Bantu Philosophy*, 1945）卻給現代非洲哲學帶來重大影響。坦佩爾試圖解析位於非洲文化根柢中的思考方法。非洲文化的根柢中，存在一種根本性存在或稱之為生命觀，神是唯一的，神的創造力賦予所有生物生命力。根據這種創造性的生命，所有力量於內在集結。力量本質上是關係性地作用。個人主義認為，每個人都是一個孤立的靈魂，因此無法理解這種力量與生命的原理。所謂的智慧與知識，指的正是關於存在或稱之為生命的知識。

坦佩爾對非洲文化的解釋最終被稱為「民族哲學」（ethno-philosophy）。雖然民族哲學遭到嚴厲批判，但從那之後，試圖挖掘以非洲文化和語言為基礎的哲學性概念、存有論、知識論的研究成果不斷出現。

非洲的知識論具有其獨特性。例如，接近「真理」之意的詞彙「Maat」，在埃及、衣索比亞、剛果、中非共和國、迦納、喀麥隆、加彭、奈及利亞、蘇丹等地的語言中均有出現。這個概念包含了公平、認真、真實、真理、正確等多重意涵。埃及的建築、社會制度、政府，甚至愛、幸福、和平等道德觀念，都反映了「Maat」在知識、科學與精神層面的意義。對於約魯巴語（Yoruba language，主要在奈及利亞等地使用）中的「知識」概念來說，除了以西方的「真理」為基礎外，還將「眼見為憑」視為一個必要的條件。接下來，我希望花些時間介紹波克・巴森克等人討論的「占卜」地位等議題。占卜與因果規則相關，然而，世界上依然會發生偶然或意外的現象或事件。占卜則與這些不可預測的事件有關，並涉及命運的智慧。

在肯亞的某些文化中，名為「Okra」的思想或靈魂概念，並不等同於西方所理解的具備實體的個人靈魂（soul）。Okra代表的是一種能力，而非一個具體的實體。這種能力與個體在共同體中的責任和義務密切相關。基於Okra的道德觀念強烈暗示著普遍性，並且融合了地區性與人倫性的層面，反映出集體的道德責任與相互關聯。

根據約翰．姆比蒂（John S. Mbiti, 1931-2019）的觀點，非洲的時間觀念總是與具體發生的事件緊密相連。所謂的時間性，指的是已經發生、正在發生以及持續發生的事物。如果某事被認為在過去兩年內未曾持續發生，那麼在當地的時間觀念中，它便不再具有實際的意義。此外，姆比蒂在其經典著作《非洲宗教與哲學》（一九六九年）中提出的許多非洲概念，也對筆者的思維產生了深遠的啟發。

從非洲自身語言範疇的視角來看，面對西方語言所反映出的各種哲學概念，如身（物）與心、自然與超自然、宗教與世俗、神祕與非神祕、實體與屬性等典型的二元對立，都可從相對化的角度來批判。在非洲，透過比較哲學的視角，可以對西方哲學加以解構，挑戰其固有的分類和界限。

傳統如何繼承

現代非洲哲學中，傳統的宗教、教誨、神話等被視為非洲獨特的思考方式，並與殖民時期傳入的西方思維之間存在著一種緊張關係。這種張力反映了非洲傳統復興的努力，以及對西方思維的批判——即使在思考西方與非洲之間的對立時，也試圖從中發現普遍性。正是在這種對立與批判之間，非洲哲學逐漸確立了自身的認同。例如，伊曼紐爾．埃茲對「合理性」的比較性探討便成為其中的代表成果之一。

民族哲學是一種透過與西方文化和哲學的對比，來呈現非洲獨特思想的哲學觀點。然而，曾經在迦納和美國等地學術機構教授哲學的科瓦西．維雷杜（Kwasi Wiredu, 1931-），以及在貝南國立大學執教多年的保林．賀東德吉（Paulin Hountondji, 1942-），卻從未對民族哲學有高度評價。他們認為，這種方法可能會削弱哲學應有的自我批判性，而且缺乏對科學（哲學）觀點的強調。過於執著於本土文化，對非洲當前政治的借鑒不足，並且對不同的非洲文化往往過於草率地一概而論，過分強調所謂的非洲特色。

殖民統治結束後，非洲研究得到了蓬勃發展，但非洲哲學卻依然步履維艱，這其中有兩個主要原因。首先，非洲哲學，尤其是民族哲學，通常以文化人類學對宗教的研究為基礎。因此，它多從非洲人如何過宗教生活的角度來敘述。與文化人類學類似，這種敘述來自當事者自身，缺乏哲學所需的自我批判與深入思考。其次，關於非洲思想的資料繁多且不易搜集整理，而且未得到充分保存。因此，這些資料往往停留在非正式的、基於個人經歷的記錄中，難以捕捉到整體社會或民族的共同趨勢。此外，民族哲學常常與國族主義的意識形態相聯繫，旨在文化上捍衛非洲的價值，並出於政治原因實現獨立。基於這些原因，維雷杜等學者不認為民族哲學是一種正統的哲學。從非洲各民族的傳統文化角度來看，這些問題的出現在某種意義上是可以理解的。當人們抵抗外來的文化壓迫，並頌揚本土文化的價值時，這樣的情況便會自然發生，這不僅限於非洲，實際上在世界各地都可以看到類似的現象。

五、現代非洲哲學的主題與傾向

現代的四個潮流

雖然存在上述批判，民族哲學仍為新的非洲哲學提供了可能性。在現代非洲哲學中，除了民族哲學，還有其他幾種重要的思潮。透過閱讀英文和法文的文獻，大致可以將這些思潮分為以下四類。

第一類是前文提到的民族哲學。第二類則是源自泛非主義運動的政治哲學、政治思想、社會哲學，主要集中於促進民族獨立的理念。第三類是智者哲學（sagacity），這是一種來自傳統非洲各宗教的共通立場，將「睿智」視為哲學或倫理的核心規範。第四類是大學中的課堂哲學，這類學術哲學通常不承認民族哲學的地位。筆者在比利時留學期間，遇到的非洲留學生大多研究非洲文化的哲學、政治哲學、社會哲學等領域。這些研究不僅以文化人類學為基礎，還採用了當時流行的現象學與解釋學方法。在政治哲學方面，約翰·羅爾斯（John Rawls）的理論、社群主義（communitarianism）和哈伯瑪斯的政治哲學都是當時的熱門討論主題，這類哲學當然也可以歸類為課堂哲學。

非洲的哲學家在各自的立場上有激烈的批判。如前所述，民族哲學遭遇了不少批評，智者哲學則被認為僅僅是一種宗教或道德灌輸，與民族哲學並無實質區別。此外，第四類課堂哲學也遭到批評，認為它僅僅是在追隨西方哲學的步伐。然而，課堂哲學的支持者則辯稱，西方哲學自埃及時代以來便與非洲哲學有著交會，哲學本身不可能僅屬於單一文化。

美國范登堡大學的盧修斯・奧特羅（Lucius Outlaw）指出，現代非洲哲學中，由非洲人或出身非洲的人所定義的哲學具有以下特徵：①優先考慮社會文化背景；②重視歷史與文化性事物；③注重與其他人種、民族之間的比較；④反對西方的一元主義；⑤強調保持和重新詮釋非洲性文化的動力；⑥進行比較文化式的分析，以探索思考系統的多樣性。基於這些傾向，非洲哲學中可以提及以下幾個主題：

文化的哲學：包含民族哲學性質的主題
形上學（本體論）：神、祖先、咒術、人格、原因、唯心主義
知識論：真理、合理性與邏輯、知識的社會學
倫理學：道德性、宗族與社會、權力與義務、共同體主義
政治哲學：自由與自立、經濟與道德、人種與性別、認同、法律與宗教
美學：對非洲藝術的定位與評價

其中既有與其他社會共通的主題，也有非洲社會獨特的元素。就筆者而言，非洲哲學中的

存有論，特別是將祖先崇拜與咒術視為世界基本組成的觀點，令人深感好奇。在這種存有論中，因果關係的觀念也被理解為與這些充滿力量的生命相關，並且帶有濃厚的宗教意涵。至於倫理學，圍繞宗族和共同體的探討，乍看之下似乎與日本和辻哲郎的倫理學有些相似。然而，必須注意的是，非洲的宗族或社會結構與日本鄉村的社會形態有顯著不同，若隨意將其視為相同，則容易產生誤解。

法文圈的非洲哲學

以下的各小節將分別介紹在法語圈、英語圈與南非的現代非洲哲學。

法國曾在非洲西部擁有廣大的殖民地，而比利時則曾擁有比屬剛果、盧安達、蒲隆地等殖民地。在這些以法語為共通語言的地區，出現了以馬克思主義、超現實主義與柏格森哲學為思想基礎的反殖民主義言論。

黑人性運動（négritude）是二十世紀三〇年代興起的一場文學與政治運動，旨在提高非洲與西印度群島法國殖民地黑人群體的自我認同，並重視他們的本土文化與精神。這場運動由西印度群島馬丁尼克的艾梅・塞澤爾（Aimé Fernand David Césaire, 1913-2008）命名為「黑人性運動」。塞澤爾在超現實主義藝術家安德烈・布勒東（André Breton）的發掘下，出版了《歸鄉之路》等詩集與戲劇作品。二戰結束後，塞澤爾轉向從政，起草了「縣化法」提議，要求在殖民地實行與法國本土相同的制度，然而在文化上他仍堅持拒絕法國化，並根據這些經歷撰寫了《殖民地主義論》。

利奧波德．塞達爾．桑哥（Léopold Sédar Senghor, 1906-2001）是塞內加爾的政治家和詩人。二十世紀三〇至四〇年代，他與艾梅．塞澤爾一同發展了黑人性運動，並採取社會主義與親歐美外交並行的政策。桑哥致力於提倡非洲文化的價值，並主張非洲和歐洲文化的融合。他後來成為塞內加爾的第一任總統，推動現代化改革與教育發展。荷西．克拉韋里尼亞（José Craveirinha, 1922-2003）是莫三比克的新聞工作者、詩人及文學家，同樣參與了黑人性運動。他是社會運動的積極參與者，曾加入莫三比克解放戰線，為該國從葡萄牙殖民統治中爭取解放。他的詩作批判了種族主義和葡萄牙殖民主義，並以文學表達對非洲獨立與自由的堅定支持。

比坦佩爾神父與黑人性運動的活動家更晚世代的哲學家們，對於以民族哲學、文學或詩篇形式表現之黑人性運動「哲學」提出了批判。法蘭茲．法農在《黑皮膚、白面具》（一九五二年）中，批判民族哲學與黑人性運動哲學是把殖民地主義的框架內在化、心理化。根據法農的說法，非洲文化應該是人民鬥爭，而非詩歌或民俗故事。喀麥隆的哲學家馬西安．托瓦（Marcien Towa）在《桑哥：黑人化運動或服從》（一九七一年）中，他批評桑哥（Léopold Sédar Senghor）與艾梅．塞澤爾相比，缺乏了對現實的批判，並且將種族與文化混為一談。同樣地，他也指出民族哲學的客觀性薄弱，缺乏批判性。這些批評指出，民族哲學或黑人性運動的文學並未促成政治性的抵抗或鬥爭。

此處也必須提及塞內加爾的歷史學家、民族學家、政治家的謝赫・安塔・迪奧普（Cheikh Anta Diop, 1923-1986）。他身為科學家曾師從加斯東・巴舍拉（Gaston Bachelard）與弗雷德里克・約李奧・居禮（Jean Frédéric Joliot-Curie），並嘗試對當時歐洲歷史學缺乏非洲歷史論述提出批判。他也在以多貢人（Dogon）研究聞名的巴黎大學民族學者馬塞爾・格里奧爾（Marcel Griaule）的門下學習，之後他撰寫的《黑人的國家與文化》問世，主張非洲中心論（Afrocentricity），提倡古代埃及乃黑人文明、撒哈拉以南是非洲文化發祥地等觀點。他的歷史研究指出了非洲文化的連續性與共通性，強調非洲在人類史上的重要性，並嚴厲地駁斥了黑格爾等西方中心主義之歷史觀。他的著作引起了巨大反響，但研究上的實證性也引發了許多論爭與反駁。

除了上述的哲學家，尚有剛果哲學家瓦朗坦—伊夫・穆迪姆（Valentin-Yves Mudimbe, 1941-），他試圖從結構主義和橫斷歷史的觀點重建非洲哲學；或是曾指導圖西（Tutsi）文化的盧安達哲學家、神學家、詩人、政治活動家亞歷克西斯・卡加梅（Alexis Kagame, 1912-1981）等人。前述的貝南哲學家、政治家賀東德吉曾在法國國立高等師範學院（école normale）師從阿圖塞（Louis Pierre Althusser）與德希達，以胡塞爾為題目取得學位。他強烈批判民族哲學把民族學與哲學混為一談，並嘗試對傳統非洲思想、哲學提供綜合性的分析。

英文圈的非洲哲學

曾為英國殖民地的國家包括埃及、蘇丹、南蘇丹、肯亞、烏干達、索馬利亞、迦納、獅子山共和國、奈及利亞、辛巴威、尚比亞、波札那等。以英文出版的非洲哲學較法文圈為慢，但一九六〇年代後半開始正式發展。由於受到英文圈哲學的影響，一些哲學家採用了分析哲學與科學哲學的觀點，同時也有專門從事倫理學、現象學的哲學研究者，內容相當多樣。

生於迦納的威廉・伊曼紐爾・亞伯拉罕（William E. Abraham, 1934-）曾在牛津大學攻讀哲學，一九六二年出版訴求泛非主義的書籍《非洲思想》（*The Mind of Africa*），並密切協助曾指揮迦納獨立運動，成為迦納首任總統的夸梅・恩克魯瑪（Kwame Nkrumah）。他將研究非洲德裔哲學家阿莫（Anton Wilhelm Amo）作為自己畢生的志業。前文提及的姆比蒂專攻神學，但在其著作《非洲的宗教與哲學》（一九六九年）中則採取民族學的方法。人類學家暨哲學家的羅賓・霍頓（Robin W.G. Horton）出生於英國，但在非洲居住、研究和從事教育長達四十年之久，他的宗教比較人類學研究尤為著名。他以智識主義（intellectualism）來分析非洲宗教，而主張非洲宗教存在理論體系，堪與西方科學比較。

前文提及的維雷杜，是一位值得特別關注的迦納哲學家。他師從賴爾（Gilbert Ryle）與斯特勞森（Peter Frederick Strawson），從哲學角度分析了非洲當地語言中的各種概念。之後，他反過來透過與非洲各語言對照西方概念，批判各種前提。他認為民族哲學、智者哲學雖能表現非洲人的世界觀與信念，但僅靠這些並無法被認定是一種哲學。面對霍頓的宗教人類學，他也認為難以將科學與宗教進行比較，非洲的宗教思想應稱為「民俗哲學」（Folk Philosophy），主張若要比較，其對應的對象應該是西方的「文化」。

但筆者的看法是，如果哲學的本質在於透過對話來相互審視，那麼無論是書寫文學、詩篇，或者民族誌的敘述，只要能引發議論並伴隨著作者的回應，這種往復互動的行為應當可以視為一種哲學運作。所謂的哲學，不應該只是閱讀書籍的單向解讀。如果認為哲學應在書本中完成、或者理當如一人獨白般的論述，這反而是更偏向西方近代的思考。哲學應當是邀請他者加入對話的運動。

誇梅・吉凱（Kwame Gyekye, 1939-2019）是一位哲學家、倫理學家，曾任教於迦納大學與天普大學（Temple University）。在他的非洲思想中，他強烈反對過往傳統的社群中心主義，亦即反對「個人的人格由社群所賦予，個人認同僅是從共同體中延伸而來」的這種想法。他認為，個人與人格具有本質性的價值，其存在本身就是完整的，因此個人的尊嚴應優先於社群，而社群只是為了確保個人生存的機制。

哲學家塞伊恩・格巴德格新（Segun Gbadegesin）出身奈及利亞，在美國教授哲學。主要興趣為倫理學、跨文化倫理學、社會哲學，以及非洲哲學。他以歐洲傳統哲學的相關研究而聞名。

亨利・歐德拉・歐魯嘉（Henry Odera Oruka, 1944-1995）是肯亞哲學家，對社會的搾取式經濟、人種神話化、「外貌」（appearance）進行批判性的分析研究。此外，他為了維護非洲傳統的智慧而發展了智者哲學（Sage Philosophy）。

在現象學與詮釋學領域中，來自奈及利亞的西奧菲勒斯·奧凱（Theophilus Okere），曾於魯汶天主教大學求學，他認為非洲哲學誕生於在非洲脈絡中對傳統的持續詮釋。此外，來自剛果的歐孔達·歐克羅（Okonda Okolo, 1947-），作為伽達默爾（Hans-Georg Gadamer）的弟子，也備受關注。而來自厄利垂亞的圖奈·西里奇巴罕則專精於詮釋學，並對詮釋學過度依賴西方方法論的現象提出質疑。基於這一立場，他批評賀東德吉與維雷杜將西方方法論過度簡化地引入非洲哲學。此外，奈及利亞的奧拉迪波·法西納（Oladipo Fashina）針對人類本性與自由，歐爾費米·泰沃（Olúf mi O. Táíwò）則針對自然法，都是以馬克思主義的視角來研究。

南非種族隔離

最後，讓我們討論一下南非的哲學。南非在實施種族隔離之前，英國系的大學可以接受黑人學生，非洲系的大學則實行種族分離政策。前者教導托馬斯·希爾·格林（Thomas Hill Green）、伯納德·鮑桑葵（Bernard Bosanquet）的唯心論、拉爾夫·巴頓·佩里（Ralph Barton Perry）的新實在論；後者則教導喀爾文主義（Calvinism）與費希特（Johann Gottlieb Fichte），這些哲學全都被當作證明種族隔離正當性的根據。一九四八年至一九四九年，在種族隔離的制度下，南非國民黨也同樣以各種哲學為依據來正當化其政策，把現象學解釋為分離生活世界的論據，而學習分析哲學的研究者則與政治保持距離。

反種族隔離運動的主要政治家和思想家包含提倡非暴力主義的艾伯特・盧圖利（Albert J. Lutuli, 1898-1967）、推動黑人意識運動的史蒂夫・比科（Stephen B. Biko, 1946-1977）、在一九九四年首次不分種族的總統普選當選的納爾遜・曼德拉（Nelson R. Mandela, 1918-2013），以及聖公會牧師、反種族隔離運動家戴斯蒙・屠圖（Desmond M. Tutu, 1931-2021）等人。屠圖主張，黑人解放就是白人解放的另一個面向。

一九六六年，曾在曼德拉政權下擔任副總統的塔博・姆貝基（Thabo Mbeki, 1942-）發表了「我是非洲人」的非洲主義宣言。在種族隔離結束後，終於能在非洲的脈絡下，為非洲探究哲學。其中，以推廣非洲傳統倫理思想為主的「烏班圖」（ubuntu）運動便是其中之一。「烏班圖」一詞展現了非洲傳統的倫理行為，包括相互平等、共同善念與和諧關係。建立以非西方為中心的身分認同，成為其他非洲哲學的共同主題。許多黑人學者積極投入哲學研究，許多大學也開設了相關課程和講座，並設立非洲思想的資料庫，出版基於非洲思想的期刊與雜誌。

六、小結

非洲哲學的龐大可能性

現代非洲哲學的特徵在於其與反殖民主義及獨立解放運動密切相關。在非洲，哲學與政治緊密相連，一個人既可以是政治家，也可以是哲學家，或同時身為文學家、詩人與哲學家。此外，由於哲學與獨立解放運動相互交織，逐漸形成了一種融合民族主義與泛非主義的思想形式，呼籲黑人團結一致。

傳統非洲哲學一直與宗教息息相關，而現代非洲哲學卻與日本現代哲學面臨著相似的課題，例如西化與對西化的抗衡，以及如何思考自身文化的普遍性與特殊性。然而，非洲對西化的強烈批判與拒絕，以及對自由與獨立的渴望，某種程度上與日本形成了鮮明對比。隨著時代演變與爭議焦點的轉移，非洲哲學正致力於創造一套與西方框架相對的新概念體系。我們應更加關注其激勵人心的知識運動，或許過度依賴西方哲學的時代已經告一段落。

日語著作中尚缺乏介紹非洲哲學的作品，欲理解現代非洲哲學，推薦可以閱讀下列優秀的英文選集作品：

Brown, Lee M.（2004）African Philosophy : New and Traditional Perspectives. NY : Oxford University Press.

Coetzee, P. H. and Roux, A. P. J.（ed.）（2003）The African Philosophy Reader. 2nd Edition. NY/London : Routledge.
Eze, Emmanuel Chukwudi.（ed.）（1998）African Philosophy : An Anthology. Malden, MA : Blackwell.
Wiredu, K.（ed.）（2004）A Companion to African Philosophy. Malden, MA : Blackwell.

延伸閱讀

宮本正興、松田素二編，《新書非洲》（講談社現代新書，改訂新版，二〇一八年）——雖是新書但內容非常充實，特別是在理解政治哲學時，也提供了不可或缺的近現代史知識。

法蘭茲・法農，鈴木道彥、浦野衣子譯，《大地上的受苦者》（Misuzu書房，新裝版，二〇一五年）——法農的著作終究值得一讀。書中雖有難以切身感受的當時的政治脈絡，不過在日本，有哪位思想家曾如此強烈地譴責不公正的現象，發表過如此激烈言論呢？就我個人而言，我認為這本書比《黑皮膚，白面具》更具深意，而且書中第一章的暴力論，也是值得認真思考的主題。

艾梅・塞澤爾，砂野幸稔譯，《歸鄉筆記：殖民地主義論》（平凡社Library，二〇一三年）——黑人中心主義文學的代表作。對「我無條件地捍衛被帝國主義破壞的社會」所展現的殖民地主義表示強烈的反對。有將非洲事物加以普遍化的傾向。此外，始終無法容忍維持混成性質的「克里奧性」。雖說之後遭受許多批評，但如果沒有這樣強烈的態度，恐怕難以推動黑人中心主義的運動。此外《作為黑人而活：與塞澤爾的對話》也值得參考。

約翰・姆比蒂，大森元吉譯，《非洲的宗教與哲學》（法政大學出版局，一九七〇年）——出版至近已有些時日，並且因將哲學與宗教過為緊密地連繫再一起而飽受批評，不過此書仍是現代非洲的哲學中少數可以用日語閱讀的經典之一。閱讀本書時，總會因為一種截然不同的世界觀而感到目眩神迷，就像閱讀阿莫斯・圖圖奧拉（Amos Tutuola）時一樣。在筆者個人感受上，我不再能從西方哲學中感受到這種令人目眩的感覺。

專欄四

拉丁美洲的哲學　中野裕考

在反思日本哲學的同時，拉丁美洲哲學有許多值得借鑑之處。自十九世紀後半葉起，拉丁美洲也開始建立現代民族國家，積極引入「最先進」的哲學作為大學學科之一，並培養哲學研究者。儘管拉丁美洲與日本之間幾乎毫無直接交流，然而其哲學發展卻與日本哲學如影隨形，相互呼應。從十九世紀末的實證主義與新康德學派的學習，到二十世紀前半期現象學、存在主義的興盛，及馬克思主義的傳播；再到同世紀後半期分析哲學的興起，及歐陸哲學對其的反思與批判，最終迎來今日的嶄新局勢。日本與拉丁美洲哲學，正是伴隨西方列強征服世界而出現的全球化哲學的兩種不同形式。

兩地之間的差異也是頗具意義的研究素材。尤其是墨西哥與秘魯，與日本相比更顯得別具深意。這兩個國家立足於阿茲特克、瑪雅、印加等原住民文明的遺產之上，雖然這些文明擁有文字，但並不像佛教、儒學、日本國學般以書籍形式來表達思想。此外，在進入殖民時代後，天主教思想與當地土著信仰的交融變化，以及修道院與大學所教授的經院哲學，如今也重新獲得正面評價，顯示出其在文化融合與思想創新的價值。

由於拉丁美洲與其固有傳統的斷裂，再加上在西方視角下處於邊緣地位，哲學家們一直不斷自問：「拉丁美洲曾經有哲學嗎？現在有嗎？未來可能會有嗎？若有，那又是何種哲學？」同樣地，在日本，過去中江兆民曾言：「我日本自古至今，概皆無哲學。」這一發言的意涵至今在日本依然引發討論。因此，對於日本而言，拉丁美洲所面對的這種問題意識，並非他人瓦上霜，而是彼此共享的哲學困境。

拉丁美洲的特色在於，各立場對於這些問題都是透過學術論文的形式來公開發表，進行論點明確的辯論與批判，而且持續交流已超過一個世紀。可以說，圍繞拉丁美洲哲學的討論積累，正是其哲學的一大特徵。那些經歷傳統斷裂與現代化衝擊的人們，以自身現實為出發點，根據在地需求，以不排他的態度朝向普遍性構思哲學。早在半個世紀前，就已有學者呼籲建立以第三世界國家為對象的「世界哲學」（西班牙語：filosofía mundial），並指出將其與日本或非洲哲學進行比較的合理性。相較之下，日本哲學習慣於自我設限，只與西方列強國家進行比較。面對這種將自身置於邊緣的情況，或許更應反思拉丁美洲哲學所提供的多元視角，作為一面可供借鑑的鏡子。

CHAPTER

終章 世界哲學史的展望

伊藤邦武

世界哲学史の展望

一、回顧全八冊的《世界哲學史》

能否出現全球化的哲學

正如人們所言，現代是全球化的時代。所謂全球化，指的是無論是人員還是物資，都能在沒有特別限制的情況下自由流通，滲透至世界的每個角落。

這樣的時代之所以能夠到來，主要是因為交通運輸、銷售通路及通信技術的高度發展，並在全球範圍內迅速傳播，從而實現了過去難以想像的行動自由與交流。然而，這並不僅止於此，還包括一些表面上不那麼顯著的經濟因素，例如高度金融化的現代資本主義的發展，正是其引領並強力推動了這些變革。

無論如何，當今我們的日常生活已不可避免地捲入這種全球化時代的結構之中。不僅僅是日常生活，在文化、藝術活動及學術交流方面，我們也深刻感受到這種狀態。然而，全球化帶來的影響並非總是正面的。事實上，全球化還有一個更加嚴峻、令人擔憂的面向，例如全球性的災害與疾病大流行，這甚至威脅到人類的生命，正如我們近年深切且痛苦地體會到的一樣。我們確實享受著全球化帶來的種種便利，但事情遠不止於此。我們必須越發認真地反思當今生活方式的正反兩面，因為在這個全球化的時代，一切事物都以世界規模彼此影響。

那麼，在這樣一個全球化的時代，哲學作為一門學科，同時也是所有學術與文化活動的基本精神泉源，本身是否也能稱之為全球化的呢？如果現代哲學的思索確實具有真正意義上的全球性，那麼所謂的「世界哲學」又將以何種形式展現在我們眼前？這正是本「世界哲學史」系列從第一冊開始便致力探究的根本問題。

非西方世界的思想開展

為了回應這一設問，我們的「世界哲學史」系列在前幾冊中對不同時期的世界哲學史有多方面的探討，而非僅僅羅列各文化或地區的哲學傳統。我們也確認了東西方、南北方世界中無數不可忽視的斷裂，並試圖揭示超越這些斷裂所進行的交流與融合之現實，力求盡可能清晰地描繪出每個時代中，各種哲學如何以自身的方法探索「世界哲學」的方式。

為此，我們將徹底重新審視既有哲學通史的主流敘事，即哲學誕生於古希臘，中世紀由西方繼承，經歷文藝復興與近代科學的蓬勃發展，最終形成西方近代哲學。同時，我們也將盡可能深入分析與這些時代並行共存，並透過與這些哲學互動而產生質變的非西方世界。

在這些探索中，我們對西方哲學的部分特別聚焦於古希臘哲學與印度佛教的直接對抗，以及古希臘、猶太思想與東方教父思想的競合。此外，我們摒棄了將近代科學視為文藝復興自然延伸的敘述方式，而是關注十六至十七世紀地中海世界的哲學，這一時期被普遍認為是近代思想的成形階段。我們也探討了與伊斯蘭的交流如何進一步豐富了中世紀的經院哲學，並在其延續中提出從西班牙「巴洛克哲學」到萊布尼茲體系的演進過程，進而對此提出新的詮釋視角。

至於十八世紀以來的哲學思潮，通常被理解為基於西方近代科學世界觀的理性思維不斷單方面擴張。然而，為了與非西方世界進行思想對話，本叢書嘗試將人類深刻的情感論作為核心，探索與理性對抗的非西方隱祕脈絡。這樣的視角也促使我們重新審視以朱子學中的「性」、「理」哲學為基礎的中國思想史脈絡，並強調重新發掘哲學思辨普遍性的重要任務。

若進一步談及中國哲學，一般認為，透過耶穌會傳教士與中國思想的交流，確實讓西方近代啟蒙思想在中國產生了一定影響，但這並非僅限於此。本系列同樣關注中國伊斯蘭哲學所帶來的文化交融與影響。

同樣地，還有至今除了專家之外鮮少涉足的印度思想。針對印度實際的歷史變遷，我們已在幾個章節中介紹，希冀能藉此更忠實地呈現印度思想的真實面貌，幫助讀者加深理解。此外，我們也更貼近普遍性哲學的思想運動現實，例如，大乘佛教作為一個沒有教團的理論體系，其宗教是如何形成的？又具有何種意義？再如佛教與儒家的鬥爭，以及佛教與基督教的衝突等。

現代哲學的新地平線

在世界哲學的歷史探索中，我們走過了一段錯綜複雜的旅程，終於來到第八冊的最後章節。本書討論了從二十世紀邁向二十一世紀的現代哲學，從所謂的英美哲學與歐陸哲學兩大主流出發，歷經後現代、文藝批評、以及伊斯蘭和中國思想的現代化歷程，最終延伸至亞洲的日本，並對非洲現代哲學及拉丁美洲令人振奮的哲學主題提出概括性的展望，以此作為結尾。

這裡呈現的是一部對大眾與科技進步抱持矛盾態度的現代歐洲哲學史，一部在「事實與價值」二元論的思考中經歷複雜曲折的英美分析哲學史，還有關於現代中國如何接受世界思想的形式，以及「現代伊斯蘭哲學」這一詞彙所內含的本質困境與展望等。然而，所見絕不僅止於此。例如，拉丁美洲哲學與日本以不同方式仰望西方哲學，但自早期起便孕育出「世界哲學」的理念；又如訴求殖民地解放與連帶認同的「泛非主義」思想，或基於非洲文化和語言的存有論，進而探索生命觀、真理論、道德論等的「民族哲學」。這些思想已然超越了傳統的東、西方框架，為我們開闢出新的思考視野，並為世界哲學的未來發展方向提供了寶貴的啟示。

二、世界與靈魂

何謂「全球化的哲學學知」

本哲學史系列至此為止的各冊，從東西方思想世界的古代到中世紀、近世、近代與現代，隨著時代的推移，最終以全球視野對現代思想的現狀進行全景式（panoramic）的空間性展望。

因此，我們的世界哲學史呈現出的是哲學在時間與空間軸線上的拓展。然而，這種歷史與地理的知識累積，是否能真正推動世界哲學的全球化進程？我們的世界哲學史之旅，究竟能為世界哲學這一學問提供何種啟示？在最終章中，我們將再度深入思考這一問題。

現在，讓我們嘗試從哲學的角度重新審視現代的全球化問題。無疑，哲學的全球化與交通、經濟活動在全球範圍內的共享截然不同。那麼，哲學的全球化究竟意味著什麼？這個問題無疑與「哲學是什麼」息息相關，也是本系列叢書始終反覆探問的核心議題。然而，在此之前，我們不妨先回顧本系列的第一冊，當時我們曾試圖透過考察不同文明對「世界與靈魂」的追尋，來理解世界哲學的誕生。

自古以來，哲學始終不斷地追問和辯證一個根本性的問題，即整個世界乃至宇宙的本質究竟是什麼？此外，生活其中並具備思考能力的人類靈魂究竟為何？在此基礎上，置身於現今這個全球化時代，探討全球範圍內的哲學是否可能存在，其實正是對於在全球規模上追尋「世界與靈魂」的可行性之探索。

在現代這個時代，關於全球共享的世界共通理解，以及對人類精神的深刻見解究竟是什麼呢？這樣的問題，在某種意義上或許可以透過現代科學知識來解釋，例如世界或宇宙如何被理解，或者人類精神的神經機制與資訊傳遞如何運作。然而，這些解釋僅止於天文學、生理學、心理學、語言學等「全球通用的學術知識」層面，並未真正觸及有關世界與靈魂的「全球化的哲學智慧」。

相對而言，全球化的哲學智慧是一種反思，它認同「世界」是我們共同生活的基礎，同時培養出一種態度，使居住其中的「靈魂」共享著全球規模的生存條件，並交換資訊、進行知識競爭，來探索邁向比今日更美好的世界之路。

此外，哲學所探問的世界與靈魂，並非兩個彼此獨立的領域，而是同時存在於靈魂之中的世界，亦是屬於世界的靈魂。因此，探究世界與靈魂的本質，換言之，必須質疑兩者之間的深層關聯。在全球化時代，哲學需要在以往哲學所未具備的普遍性基礎上，解析這種關聯的本質，進而揭示其意義。

人類共通的遺產——人類基因組

這麼說來，我們所追求的世界哲學，確實是一個極其宏大的目標，同時也是一個難以尋得解答的挑戰。然而，即便如此，這並非毫無線索可循。

因為，透過當今人們日益關注的環境問題與生命倫理議題，我們正在逐步建構出一個更為清晰的圖像。這既是全人類共同生活的基礎，也是其中靈魂運作的方式。

我們每日都必須面對大規模環境破壞、氣候異常的威脅，以及未知疾病所帶來的全球健康危機，這些議題促使我們對現代西方世界觀中隱含的無限擴展的世界與人類精神結構提出深刻的質疑。如今，人們已經強烈意識到，我們僅是有限且脆弱的生命體，所能依賴的生存條件亦極其有限。這種意識進一步引導我們思考，是否能讓被譽為「地球號太空船」的人類共享生存圈達成永續發展的可能性。

從今日的角度來看，地球的自然環境顯然已不再是人類安全而富饒的生存空間。甚至更誇張地說，人類開始思考地球是否仍能成為可永續發展的場所，並積極嘗試向太空擴展。同時，與此相關的倫理問題也成為熱烈討論的議題。

此外，今天我們對人類生命的物質基礎也有了新的理解。現今的生命科學（life science）透過醫學研究與醫療技術的應用創新，極為具體地描繪出約三萬種基因組的生物學和醫學基礎，這些基因組構成了人體的各個部分，從而賦予無數的生理功能。因此，我們對於靈魂本質的理解也達到了前所未有的深入。作為一種生物，人類必然擁有「人類基因」，而對這些基因資訊的解讀，早在半個世紀前就已提出「人類全基因組序列解讀計畫」，並於本世紀初完成了基本工作。聯合國教科文組織在第二十九屆大會（一九九七年）中通過了《世界人類基因組暨人權宣言》，其中的第一條與第二條如下所述，這些條文正是基於上述計畫推進而伴隨產生的理念：

第一條　人類基因組是人類家庭所有成員根本統一的基礎，也是承認他們與生俱來尊嚴與多樣性的基礎。象徵性地說，此為人類遺產。

第二條　（1）無論任何個人的遺傳特徵如何，其尊嚴與權利都應被尊重。（2）基於此尊嚴，絕對不可把個人簡單地歸結為他們的遺傳特徵，絕對必須尊重他們的獨特性和多樣性。

除了如同以往醫學規範中常見的「尊重人類尊嚴」這類傳統用語來闡述生命科學的原則之外，此宣言特別引人注目的是，其中條文首次提出了「象徵性地說，全基因組是人類遺產」的觀點。這顯然與推動「人類全基因序列解讀完成」的計畫密切相關。然而，從人類文明史的角度來看，我們也可以解讀為，人類這一生命形式的生存與生理機能的基礎，已被清晰地闡明為一種共同的條件，超越了種族、文化與歷史的差異。

換言之，這為我們的身體開闢了一個重要的視角，類似於我們對地球環境或氣候變遷的關注，這些都是人類永續生存的基本條件。

因此，我們對於外在環境、生命形態與機能及其基本條件，已經有了極為具體的理解。然而，在「世界與靈魂」這一哲學任務上，我們究竟走了多遠呢？雖然我們多次強調，重要的是，我們正在逐步獲得一種超越種族、文化、語言與宗教多元性的共同條件，這些條件已超越了我們過去所經歷的一切。然而，這僅僅是世界與靈魂得以存續的外在條件，而非其內在本質。正因如此，哲學必須持續深入探求，超越對這些已知條件的凝視，去追尋世界與靈魂的真實內在。

三、邁向多元世界觀

一元論，抑或多元論

十九世紀德國哲學家叔本華認為，貫穿世界與靈魂本質的是一種名為「生存意志」（will to live）的形上學原理。根據他的理解，各種生物的有機器官形態，皆是生存意志「客觀化」的表現。無論是消化器官、呼吸器官，或是生殖器官，所有存在皆是意志的具體體現。根據他的說法，構成我們身體並使其運作的三萬個基因組，正是數萬種生存意志的具體體現。叔本華承認，自己的思想完全奠基於康德的形上學，同時也聲稱，其理念早已在古代印度的《奧義書》或佛教理論中被確立為真理。若我們採納他的觀點，那麼生存意志的形上學早在古代便已作為世界哲學存在，並為人類帶來啟示。

即便在今日，我們仍然可以採納他的一元論形上學。依據他的理解，不論是透過古代印度思想，活用近代西方的唯心論，抑或基於現代基因科學的視角，都能主張整個世界完全受到生存意志的支配。

然而，若採取相反的觀點，認為世界是依循無數不同的原則而展開，其中並不存在一個普遍適用的終極理論，其實也是完全可行的。這正是萊布尼茲、詹姆士以及西田幾多郎所探討的多元論形上學。

難道就沒有一條途徑，能讓我們探索這些思想，同時連結至我們仍不熟悉的拉丁美洲與非洲思想嗎？若選擇逆行於叔本華的道路，我們是否有可能在持續接納多元形上學的同時，擴展現有的思想儲備，從而開闢出更加豐富多元的存有論與知識論視野？

應當注意的是，以多元論來理解我們所處的世界及其內在靈魂，並不意味著放棄哲學追求的一般性或普世性理解。正如詹姆士所言，多元論所否定的僅是一種貫通一切存在的統一原理，而非否認所有存在者之間的關聯。事實上，在每一個具體的存在情境中，萬事萬物皆與自身之外的他者息息相關。在這個世界上，無論何處，都不可能存在完全孤立、與他者毫無瓜葛的個體。從這個角度來看，所有存在皆屬於稱為世界的共通場域，並在這個場域中共享同一片空氣，從而具備某種普遍性。然而，這種共通性與普遍性並不意味著世界作為整體具有終極的普遍性，也無法將其還原為一個終極的「太一」。

此外，還需注意以下幾點：形上學的選擇究竟是承認世界上存在一種普遍有效的終極原理，並採用一元論？還是拒絕這種終極原理，同時接受多樣的地域關係，並否定整體性的絕對統一原理？若將這種形上學的選擇僅僅視為形式上的辯論，那麼在面對多種形式系統（Formal system）的選擇時，這一決定也可被看作是一種美學判斷，或者是某種興趣取向的問題。某些情況下，選擇多樣性或均一性，甚至可以被視為浪漫主義與古典主義美學之間的對立。在古典主義美學中，世界受制於終極原理的支配，所有現象都與這一原理相關，並保持均衡；而浪漫主義美學則認為，這種終極原理與均衡原則已在世界各地被打破，唯有不均衡與片段式的混沌，才能反映世界的真實面貌。

目標：新的思想曼陀羅

然而，一元論與多元論的問題，並不僅僅是形式上的全體與部分之間的平衡或混亂，而是關於如何面對世界上各種對立與分裂：這些究竟是被視為具備真正意義的現實狀態，還是僅為暫時的問題？與其說這是世界的形式問題，更應理解為人類如何參與世界的態度問題。形上學並不限於探討世界的形式，也即不僅侷限於本體論的範疇。它不僅是形式上的思辨，更是關於個體如何看待並參與世界的態度。在此意義上，承認世界內部的分裂與對立是真實存在的多元論立場，實際上深深根植於倫理學和政治學的領域。

多元論的世界觀是一種哲學觀點，認為世界中的各種分裂與對立是真實存在的，同時也承認在各種情境中，既存在析取（disjunctive）的分離，也有結合（conjunctive）的空間。無論是人類的靈魂，還是包含靈魂的廣大世界，皆由無數多元要素組成。這些個別要素彼此排斥、相互對立，但同時又相互聯繫，向眾多元素伸出相連的觸手，試圖建立更緊密的聯結。

未來，世界哲學史的目標或許是追求這種與「析取」共存的「連續」與「結合」形式，並在這種基礎模式上增添無限的具體色彩，試圖創造出思想曼陀羅般的廣闊世界。屆時，我們再回顧「世界哲學史」系列前幾冊中所探討的各種思想形態及其相互關聯，這些討論將繼續發揮關鍵作用，因為它們不僅凸顯這幅錦織掛毯中的各個獨特部分，還展現出建立更廣泛聯繫的潛力。即便在未來，本系列叢書仍將扮演重要角色。

已編排出所有類型的人類基因組體系，被視為「象徵意義上」的人類遺產。相對而言，編織出所有可能的哲學思想織錦，則更是一種具體而實在的人類遺產。這雖是我們尚未完全獲得的遺產，但總有一天，我們必將達成。

後記　中島隆博

前八冊的《世界哲學史》至此終於全部完成。作為編者之一，我在此由衷感謝一路以來支持我們的各位讀者。

這套叢書並非對全球各地哲學的簡單彙整，也非對世界的全景式俯瞰，而是將世界、哲學與歷史三者交織融合，藉此反思世界哲學及其歷程。這種嘗試恐怕是前所未有的。我們無法預先擁有一套統合世界、哲學與歷史的方法論，因此提出了幾個核心問題：所謂的世界究竟是什麼？我們應如何重新思考哲學？歷史的意涵又是什麼？面對這些問題，我們以實踐的姿態，致力於「構築世界哲學」。每位作者皆以各自的方式探討這些議題，並忠實回應了編輯方的期望。在此，我們再次向他們表達由衷的謝意。

回顧這套叢書在短短一年內完成，或許在整體架構及各篇論文的銜接上仍有改進的空間。作為編者，對於自身能力的不足深感歉疚，並期許未來能呈現更為完善的作品。

當文學、歷史學、宗教學、文化人類學與性別研究紛紛致力於擺脫西方中心主義之際，哲學卻往往落後一步。這或許是因為哲學自認為，或者至少應該是，具備普遍性的學科。然而，若我們真正追求普遍性，就必須對其進行深刻且哲學式的反思。為了實現這一目標，世界哲學史無疑是一塊重要的試金石。

這一問題恐怕也與對現代大學制度的反思密切相關。為何在當今日本的大學體系中，哲學依然等同於歐美哲學？若要讓哲學真正走向世界，我們必須重新審視整個學科體系的架構。有趣的是，參與《世界哲學史》的作者來自多元的學術背景，其中不乏從事跨學科研究的學者。我們之所以選擇與如此多元的執筆者合作編纂此書，正是希望藉此傳達我們的理念，促進哲學在更廣泛的全球視野中展開。

新冠疫情的全球蔓延為我們帶來了許多深刻的反思，其中一個至關重要的課題，便是重新思考人類生命的本質。哲學是否能夠重新鍛造或創造出新的概念來回應這一問題？隨著全八冊《世界哲學史》的完成，現在正是我們再次探討這一課題的契機。每一位執筆者都在書中留下了寶貴的線索，供我們進一步探索和深化思考。

最後，我要感謝所有讓《世界哲學史》順利出版的校閱者、設計師、索引製作者、印刷廠及書店的朋友們。正因為有你們的支持，我們才能在新冠疫情帶來的巨大壓力下，順利完成這套叢書的出版，這一切都仰賴各位的辛勞。最重要的是，我要特別感謝編輯松田健先生。若非松田先生的熱忱構想與冷靜安排，這套叢書絕不可能得以完成，對此，我深表由衷的感謝。

同時，我也要感謝其他三位編輯委員：伊藤邦武老師、山內志朗老師、納富信留老師的關懷與協助。正是因為有這三位老師穩重且溫和的溝通，我們才能克服重重困難。回顧從企劃到完成的過程，甚至讓人不禁想用「奇蹟」這個略顯誇張的詞來形容。

在日本，西周曾借用周敦頤《通書・志學篇》的語句，將哲學翻譯為「希哲學」（士希賢：士人渴望、追求賢者的智慧）。在西周這一翻譯中，也蘊含著「希望」的意涵。最後，就讓我們對未來的世界哲學懷抱希望，在此擱筆。

作者簡介

中島隆博（Nakajima, Takahiro）（前言、後記）

一九六四年生，東京大學東洋文化研究所教授兼所長。東京大學大學院人文科學研究科博士課程中退。專攻中國哲學、比較思想史。著有《惡之哲學：中國哲學的想像力》（筑摩選書）、《莊子：告知成為雞之時》（岩波書店）、《作為思想的言語》（岩波現代全書）、《殘響的中國哲學：言語與政治》、《共生的實踐：國家與宗教》（東京大學出版會）等。

一之瀨正樹（Ichinose, Masaki）（第一章）

一九五七年生。東京大學榮譽教授、武藏野大學全球學部教授。牛津大學名譽教員。東京大學大學院哲學專攻博士（文學）。專攻哲學（因果論、人格論）。著作有《人格知識論的生成》、《死之所有》（以上為東京大學出版社）、《英美哲學入門》（筑摩新書）、《英美哲學史講綱》（筑摩學藝文庫）、《對抗輻射問題的哲學》（筑摩選書）、《因果迷宮》（勁草書房）、

《概率與曖昧性的哲學》（岩波書店）等。

檜垣立哉（Higaki, Tatsuya）（第二章）

一九六四年生。大阪大學大學院人間科學研究科教授。東京大學大學院人文科學研究科博士班肄業，後取得博士學位（文學）。專攻法國哲學、日本哲學。著作有《德勒茲：增補新版》（筑摩學藝文庫）、《德勒茲入門》、《生存與權力的哲學》（以上為筑摩新書）、《日本哲學原論序說》（人文書院）、《瞬間與永恆》（岩波書店）

千葉雅也（Chiba, Masaya）（第三章）

一九七八年生。立命館大學大學院先端綜合學術研究科教授。東京大學大學院總合文化研究科博士（學術）。專攻哲學、文化與再現論。著作有《不可過動：生成與變化的哲學》（河出文庫）、《學習的哲學：寫給理當會出現的蠢蛋們：增補版》（文春文庫）、《不具意義的無意義》（河出書房新社）

清水晶子（Shimizu, Akiko）（第四章）

一九七〇年生。東京大學大學院總合文化研究科教授。東京大學大學院人文科學研究科博士。於威爾斯卡迪夫大學（Cardiff University）批評、文化理論中心取得性別政治學碩士、博士學位。專攻女性主義、酷兒理論。著作有*Lying Bodies : Survival and Subversion in the Field of Vision*（Peter Lang）、《（愛的技法：何謂酷兒閱讀）》、《閱讀用的酷兒》（以上皆為共同著作，中央大學出版部）等。

安藤禮二（Ando, Reiji）（第五章）

一九六七年生。文藝評論家、多摩美術大學美術部教授。早稻田大學第一文學部畢業。專攻文藝評論、近代日本思想史。著作有《光之曼陀羅：日本文學論》（講談社文藝文庫）《諸神的鬥爭：折口信夫》、《折口信夫》《大拙》（以上為講談社出版）、《列島祝祭論》（作品社）、《藝術人類學講綱》（共同著作，筑摩新書）等。

中田考（Nakata, Ko）（第六章）

一九六〇年生。伊本・哈勒敦大學（Ibn Haldun University）客座教授。東京大學大學院人文科學研究科碩士。開羅大學哲學系博士（哲學）。專攻伊斯蘭法學、伊斯蘭區域研究。著作有《伊斯蘭 生、死與聖戰》（集英社新書）、《伊斯蘭邏輯學》（講談社選書métier）、《伊斯蘭的邏輯》（筑摩選書）、《重振哈里發制度》（書肆心水）、《伊斯蘭學》（作品社）等。

王前（Wang, Qian）（第七章）

一九六七年生。東京大學教養學部特任副教授。東京大學大學院總合文化研究科博士。專攻政治哲學、思想史。著作有《在中國閱讀的現代思想》（講談社選書métier）、《近代日本政治思想史》（共同著作，Nakanishiya出版）。

上原麻有子（Uehara, Mayuko）（第八章）

一九六五年生。京都大學大學院文學研究科教授。法國國立社會科學高等學院歷史文明科博士（哲學、翻譯學）。專攻近代日本哲學。著作有*Philosopher la traduction / Philosophizing Translation*（編著，Nanzan Institute for Religion and Culture / Chisokud Publications）、《幕末明治變遷期的思想與文化》（共同編著，勉誠出版）

朝倉友海（Asakura, Tomomi）（第九章）

一九七五年生。東京大學大學院總合文化研究科教授。東京大學大學院人文社會系研究科博士（文學）。專攻哲學、比較思想。著作有《「東亞沒有哲學」嗎：京都學派與新儒家》（岩波現代全書）、《概念與個別性：史賓諾沙哲學研究》（東信堂）等。

河野哲也（Kono, Tetsuya）（第十章）

一九六三年生。立教大學文學部教育學科教授。慶應義塾大學大學院文學研究科博士（哲學）。專攻哲學、倫理學、教育哲學。著作有《自行思考自行表達：養育兒童的哲學課程》（河出書房新社）、《再問道德：自由主義與教育的將來》（筑摩新書）、《意識並不存在：心、知覺、自由》（講談社選書métier）、《境界的現象學：從始源之海到流體的本體論》（筑摩選書）等。

冲永宜司（Okinaga, Takashi）（專欄一）

一九六九年生。帝京大學文學部教授。京都大學大學院人間、環境學研究科博士（人類、環境學）。專攻哲學（宗教哲學、實用主義、現代形上學、心哲學）。著作有《始源與根據的形上學》（北樹出版）、《心之形上學：詹姆士哲學及其可能性》、《無與宗教經驗：禪的比較宗教學考察》（以上皆為創文社出版）等。

伊藤邦武（Ito, Kunitake）（終章）

一九四九年生，京都大學榮譽教授。京都大學文學研究科博士課程中退；史丹佛大學研究所哲學科碩士畢業。專攻分析哲學、美國哲學。著有《實用主義入門》（筑摩新書）、《宇宙為何會成為哲學問題》（筑摩primer新書）、《珀斯的實用主義》（勁草書房）、《詹姆士的多元宇宙論》（岩波書店）、《話說哲學的歷史》（中公新書）等作品。

大黑弘慈（Daikoku, Koji）（專欄二）

一九六四年生。京都大學大學院人間、環境學研究科教授。東京大學大學院經濟學研究科博士（經濟學）。專攻經濟理論、經濟思想史。著作有《貨幣與信用：純粹資本主義批判》（東京大學出版會）、《模仿與權力的經濟學：改變貨幣的價值〈思想史篇〉》、《馬克思與偽幣製造者：改變貨幣的價值〈理論篇〉》（以上皆為岩波書店出版）等。

久木田水生（Kukita, Minao）（專欄三）

一九七三年生。名古屋大學大學院情報科學研究科副教授。京都大學大學院文學研究科博士。專攻技術哲學、資訊哲學。著作有《從機器人展開的倫理學入門》（共同著作，名古屋大學出版會）、《人工智能與人類、社會》（共同編著，勁草書房）等。

中野裕考（Nakano, Hirotaka）（專欄四）

一九七五年生。御茶水女子大學基幹研究院副教授。東京大學大學院人文科學研究科碩士。墨西哥國立自治大學哲文學部博士。專攻西方近代哲學。著作有《現代康德研究14 哲學的體系性》（共同編著，晃洋書房）、《康德的自我啟發論》（東京大學出版會、近期發刊）、論文："Toward a Redefinition of Japanese Philosophy", *Tetsugaku 3* 等。

年表

＊粗體字為哲學相關事項

西元	歐洲、美國	北非、亞洲（東亞以外）	中國、朝鮮	日本
1900 年	**1900 年，尼采過世。** **1901 年，拉岡出生（-1981）。** **1902 年，波普出生（-1994）。** **1903 年，阿多諾出生（-1969）。** **1905 年，沙特出生（-1980）。哥德爾（Kurt Friedrich Gödel）出生（-1978）。列維納斯出生（-1995）。** **1908 年，梅洛—龐蒂出生（-1961）。西蒙波娃出生（-1986）。李維史陀出生（-2009）。奎因出生（-2000）。** **1909 年，西蒙・韋伊出生（-1943）。**	**1905 年，孟加拉分治、印度自治、排斥英國貨運動開始** **1906 年，哈桑・班納出生（-1949）。賽義德・庫特布出生（-1966）。桑哥出生（-2001）。**	1900 年，義和團事件。 1901 年，辛丑條約。**金教臣出生（-1945）。咸錫憲出生（-1989）。** **1902 年，賀麟出生（-1992）。** 1905 年，廢除科舉。 **1909 年，洪謙出生（-1992）。牟宗三出生（-1995）。唐君毅出生（-1978）。**	**1900 年，戶坂潤出生（-1945）。西谷啟治出生（-1990）。** **1902 年，田中美知太郎出生（-1985）。小林秀雄出生（-1983）。**英日同盟。 **1903 年，清澤滿之過世。** 1904 年，日俄戰爭（-1905）。

西元	歐洲、美國	北非、亞洲（東亞以外）	中國、朝鮮	日本
1910 年	1911 年，約翰·朗肖·奧斯丁出生（-1960）。1913 年，保羅·利科出生（-2005）。1914 皮爾士過世。第一次世界大戰爆發（-1918）。1915 年，羅蘭·巴特出生（-1980）。1916 年，恩斯特·馬赫過世。1917 年，俄國革命爆發。1918 年，史賓格勒刊行《西方的沒落》。1919 年，《凡爾賽和約》簽訂。	1910 年，迦納政治思想家約翰·薩巴赫過世。賴比瑞亞思想家思想家愛德華·布萊登過世。盧安達哲學家亞歷克西斯·卡加梅出生（-1981）。1913 年，艾梅·塞澤爾出生（-2008）。1914 年，納斯魯廷·阿爾巴尼出生（-1999）。1918 年，納爾遜·曼德拉出生（-2013）。	1910 年，錢鍾書出生（-1998）。日本合併韓國（-1945）。1911 年，熊偉出生（-1994）。辛亥革命推翻滿清。1912 年，中華民國成立。1915 年，陳獨秀於上海創刊《青年雜誌》（後改為《新青年》），新文化運動開始。1917 年，尹東柱出生（-1945）。王先謙過世。1919 年，胡適《中國哲學史大綱》上冊發行。	1910 年，竹內好出生（-1977）。幸德秋水事件。1911《青轄》發行。西田幾多郎《善之研究》刊行。1913 年，岡倉天心過世。1914 年，井筒俊彥出生。（-1993）。丸山　男出生（-1996）。1918 年，西伯利亞干涉。米動爆發。1919 年，井上圓了過世。
1920 年	1920 年，維耶曼出生（-2001）。國際聯盟成立。1921 年，羅爾斯出生（-2002）。1922 年，湯瑪斯·孔恩出生（-1996）。蘇維埃社會主義共和國聯邦成立（-1991）。1924 年，李歐塔出生（-1998）。	1921 年，伊斯梅爾·法魯奇出生（-1986）。1922 年，莫三比克的荷西·克拉韋里尼亞出生（-2003）。1923 年，塞內加爾的歷史學家謝赫·安塔·迪奧普出生（-1986）。1928 年，伊斯蘭哲學家穆罕默德·阿爾孔出生（-2010）。	1921 年，嚴復過世。1925 年，孫文過世。1927 年，康有為過世。王國維過世。1929 年，梁啟超過世。	1921 年，大森莊藏出生（-1997）。1922 年，鶴見俊輔出生（-2015）。1923 年，關東大地震。1925 年，《治安維持法》公布。1926 年，上田閑照出生（-2019）。1928 年，日本舉行史上第一次普選。

西元	歐洲、美國	北非、亞洲（東亞以外）	中國、朝鮮	日本
	1925 年，法農出生（-1961）。德勒茲出生（-1995）。1926 年，傅柯出生（-1984）。普特南出生（-2016）。1928 年，杭士基出生。1929 年，伯納德・威廉士出生（-2003）。哈伯瑪斯出生。世界各地爆發經濟大恐慌。			
1930 年	1930 年，伊瑞葛萊出生。1931 年，理察・羅蒂出生（-2007）。1933 年，蘇珊・桑塔格出生（-2004）。1934 年，奧德雷・洛德出生（-1992）。1935 年，維蒂格出生（-2003）。1937 年，拉呂厄爾出生。1938 年，胡塞爾過世。1939 年，佛洛伊德過世。第二次世界大戰爆發（-1945）。	1930 年，德希達出生（-2004）。迦納的新聞工作者海福德（J. E. Casely Hayford）過世。1931 年，喀麥隆哲學家馬西安・托瓦出生（-2014）。肯亞哲學家姆比蒂出生（-2019）。迦納哲學家庫瓦希・維多出生。反種族隔離社會運動家戴斯蒙・屠圖出生 1934 年，迦納哲學家 W・E・亞伯拉罕出生	1930 年，李澤厚出生。1931 年，九一八事變。1932 年，滿洲國建國宣言。1934 年，馮友蘭刊行《中國哲學史》。1936 年，章炳麟過世。魯迅過世。1937 年，中日戰爭爆發（-1945）。	1930 年，內村鑑三過世。1931 年，市川浩出生（-2002）。1932 年，五一五事件。1933 年，廣松涉出生（-1994）。1936 年，坂部惠出生（-2009）。二二六事件。1937 年，北一輝過世。人民陣線事件（-1938）。

西元	歐洲、美國	北非、亞洲（東亞以外）	中國、朝鮮	日本
		1935 年，愛德華・薩依德出生（-2003）。伊斯蘭哲學家哈桑・哈納菲出生。奈及利亞哲學家賽歐發里斯・歐克雷出生 1938 年，印度的伊斯蘭哲學家穆罕默德・伊克巴勒過世。 1939 年，迦納哲學家誇梅・吉凱出生（-2019）。		
1940 年	1940 年，班雅明過世。 1941 年，柏格森過世。克莉斯蒂娃出生。 1942 年，史碧瓦克（Gayatri C. Spivak）出生。阿甘本出生。 1947 年，懷海德過世。	1941 年，剛果哲學家坦—伊夫・穆迪姆出生。 1942 年，貝南哲學家胡恩通吉（Paulin J. Hountondji）出生。 1944 年，肯亞哲學家亨利・歐德拉・歐魯嘉出生（-1995）。 1945 年，普拉西德・藤貝爾斯發行《班圖哲學》。奈及利亞哲學家塞伊恩・格巴德格新出生。 1946 年，反種族隔離運動領袖史蒂夫・比科出生（-1977）。	1940 年，蔡元培過世。 1941 年，金芝河出生。 1943 年，歐陽漸過世。 1947 年，太虛過世。 1948 年，大韓民國成立。朝鮮民主主義人民共和國成立。 1949 年，中華人民共和國成立。國民政府遷至台灣。	1941 年，九鬼周造過世。柄谷行人出生。太平洋戰爭爆發（-1945）。 1944 年，井上哲次郎過世。 1945 年，西田幾多郎過世。三木清過世。廣島、長崎遭原子彈攻擊。日本接受《波茨坦宣言》。 1946 年，公布日本國憲法。

西元	歐洲、美國	北非、亞洲（東亞以外）	中國、朝鮮	日本
		1947 年，剛果哲學家歐孔達・歐克羅出生。印度獨立。 1948 年，甘地過世。第一次以阿戰（-1949）。		
1950 年	1951 年，維根斯坦過世。 1952 年，杜威過世。 1955 年，奧特加過世。 1956 年，朱迪斯・巴特勒出生。 1958 年，穆爾過世。 1959 年，馬拉布出生。古巴革命。	1954 年，迦納哲學家庫瓦梅・安索尼・阿庇亞出生。阿爾及利亞戰爭爆發（-1962）。 1955 年，越戰爆發（-1975）。	1950 年，韓戰爆發（-1953（休戰至今））。 1958 年，唐君毅與牟宗三等人發表「當代新儒家宣言」。	1951 年，舊金山和會。 1953 年，折口信夫過世。 1956 年，發現水 病。
1960 年	1962 年，巴代伊過世。加斯東・巴舍拉過世。 1967 年，梅亞蘇出生。 歐洲共同體（EC）成立。 1968 年，法國五月革命。布拉格之春。馬丁・路德・金恩牧師遭暗殺。 1969 年，阿波羅 11 號登陸月球。	1960 年，「非洲之年」，非洲共 17 個國家獨立。 1967 年，反種族隔離運動的思想家艾伯特・盧圖利過世。 東南亞國家協會（ASEAN）成立。	1962 年，胡適過世。 1966 年，「文化大革命」正式展開 1968 年，熊十力過世。	1960 年，和辻哲郎過世。安保鬥爭。 1962 年，田邊元過世。柳田國男過世。

西元	歐洲、美國	北非、亞洲（東亞以外）	中國、朝鮮	日本
1970 年	**1970 年，伯特蘭・羅素過世。** 1971 年，尼克森訪中。 1972 年，羅馬俱樂部發表《增長的極限》。 **1976 年，海德格過世。**	1979 年，伊朗伊斯蘭革命。	**1973 年，張東蓀過世。** **1976 年，毛澤東過世。**「文化大革命」實際上結束。	**1971 年，平塚雷鳥過世。** 1972 年，沖繩歸還。中日邦交正常化。
1980 年	**1985 年，施密特過世。** 1986 年，車諾比核災。 1989 年，拆毀柏林圍牆。	1980 年，兩伊戰爭（-1988）。	**1984 年，金岳霖過世。** 1987 年，台灣（中華民國）解除戒嚴令。 1989 年，六四天安門事件。	**1980 年，出隆過世。** 1986 年，實施男女雇用機會均等法。
1990 年	1990 年，東西德統一 1991 年，蘇聯解體。 1993 年，歐盟（EU）成立。 **1995 年，索卡爾事件。** 1999 年，北約（NATO）於科索沃戰爭期間轟炸南斯拉夫。	1991 年，波斯灣戰爭。 1994 年，曼德拉當選南非總統，廢除種族隔離政策。 **1996 年，塔博・姆貝基的《非洲主義宣言》。**	**1990 年，馮友蘭過世。** 1996 年，台灣實施首次總統民選。 1997 年，香港回歸中國。	1990 年，泡沫經濟開始破裂。 1995 年，阪神、淡路大地震。東京地下鐵沙林毒氣事件。
2000 年	2001 年，九一一事件。 2008 年，次級信貸引發環球金融危機，影響波及全球。	2003 年，伊拉克戰爭（-2011）。	2003 年，嚴重急性呼吸道症候群（SARS）爆發流行。	
2010 年	2015 年，希臘金融危機。 2017 年，川普當選美國總統。	2015 年，敘利亞難民急速增加。	2010 年，中國國民生產毛額超越日本成為世界第二。 2014 年，香港發起雨傘革命。	2011 年，東日本大震災。

西元	歐洲、美國	北非、亞洲（東亞以外）	中國、朝鮮	日本
2020 年			2020 年，中國武漢發生新型冠狀病毒感染症（COVID-19），並流行全球。	

國家圖書館出版品預行編目(CIP)資料

世界哲學史. 8, 現代篇 : 全球化時代的哲學 : 現代與後現代的對話 / 伊藤邦武, 山內志朗, 中島隆博, 納富信留, 一之瀨正樹, 檜垣立哉, 千葉雅也, 清水晶子, 安藤禮, 中田考, 王前, 上原麻有子, 朝倉友海, 河野哲也, 冲永宜司, 大黒弘慈, 久木田水生, 中野裕考著 ; 黃耀進譯. -- 初版. -- 新北市 : 黑體文化, 遠足文化事業股份有限公司, 2025.01
面； 公分. --（空盒子；11）
ISBN 978-626-7512-42-5（平裝）

1.CST: 哲學史 2.CST: 文集

109 113018679

黑體文化　　讀者回函

空盒子11

世界哲學史8現代篇——全球化時代的哲學：現代與後現代的對話

世界哲学史8現代 グローバル時代の知

作者・伊藤邦武、中島隆博、一之瀨正樹、檜垣立哉、千葉雅也、清水晶子、安藤禮二、中田考、王前、上原麻有子、朝倉友海、河野哲也、冲永宜司、大黒弘慈、久木田水生、中野裕考｜編者・伊藤邦武、山內志朗、中島隆博、納富信留｜譯者・黃耀進｜監譯・山村 ｜校譯・楊雅筑｜責任編輯・涂育誠｜美術設計・林宜賢｜出版・黑體文化／遠足文化事業股份有限公司｜總編輯・龍傑娣｜發行・遠足文化事業股份有限公司（讀書共和國出版集團）｜地址・23141新北市新店區民權路108之2號9樓｜電話・02-2218-1417｜傳真・02-2218-8057｜客服專線・0800-221-029｜客服信箱・service@bookrep.com.tw｜官方網站・http://www.bookrep.com.tw｜法律顧問・華洋法律事務所・蘇文生律師｜印刷・中原造像股份有限公司｜排版・菩薩蠻數位文化有限公司｜初版・2025年1月｜定價・450元｜ISBN・9786267512425・9786267512586（EPUB）・9786267512647（PDF）｜書號・2WVB0011